I0181565

EL CÓDIGO DE LA PUREZA.

EL PLAN DE DIOS PARA **DISFRUTAR** TU **SEXUALIDAD**

LUCAS LEYS.
JIM BURNS.

EL CÓDIGO DE LA PUREZA.

EL PLAN DE DIOS PARA **DISFRUTAR** TU SEXUALIDAD

Vida®   E1

La misión de Editorial Vida es ser la compañía líder en comunicación cristiana que satis-faga las necesidades de las personas, con recursos cuyo contenido glorifique al Señor Jesucristo y promueva principios bíblicos.

EL CÓDIGO DE LA PUREZA
Edición en español publicada por
Editorial Vida – 2012
Miami, Florida

© 2012 por Jim Burns y Lucas Leys

Traducción: *Virginia Altare*
Diseño interior: *Juan Shimabukuro Design*

RESERVADOS TODOS LOS DERECHOS. A MENOS QUE SE INDIQUE LO CONTRARIO, EL TEXTO BÍBLICO SE TOMÓ DE LA SANTA BIBLIA NUEVA VERSIÓN INTERNACIONAL. © 1999 POR BÍBLICA INTERNACIONAL.

ISBN: 978-0-8297-6203-7

CATEGORIA: JUVENIL NO FICCIÓN/Temas sociales/Noviazgo y sexo

IMPRESO EN ESTADOS UNIDOS DE AMÉRICA
PRINTED IN THE UNITED STATES OF AMERICA

12 13 14 15 ❖ 6 5 4 3 2 1

A los amigos de diversas culturas
que enriquecen nuestra vida personal y ministerial

CONTENIDO

NOTA PARA PADRES

La educación sexual más efectiva tiene lugar cuando los padres hablan con (y no «a») sus hijos sobre temas relacionados con la sexualidad de manera auténtica. Esto nunca es fácil y a veces es incómodo, pero el involucramiento de los padres hace una probada diferencia positiva.

Ambos somos padres y hemos sido pastores y líderes de jóvenes por muchos años, y escribimos este libro poniéndonos en el lugar de un padre que habla cara a cara con su hijo o hija. Hemos tratado de tocar todos los temas urgentes y algunos padres podrán pensar que la información es demasiado cruda mientras que para otros quizás no sea lo suficientemente directa. El trabajo de ustedes es adaptar el material de manera que se ajuste a lo que crean que es mejor para sus hijos. Nada reemplazará las conversaciones que ustedes deben tener con ellos.

La forma más efectiva de usar este libro es que tanto el padre como el hijo lean un capítulo a la vez y se hagan las preguntas que figuran al final de cada capítulo antes de continuar. Sinceramente, el diálogo que siga a la lectura es tan importante como lo que hemos escrito y la información que aquí se brinda es una base para esas charlas. Incluso es importante la manera en la que ustedes dialoguen. Los chicos aprenden mejor cuando ellos hablan y ustedes escuchan. No usen este libro o esas preguntas como una oportunidad para darles un discurso. La tarea de ustedes es crear un ambiente seguro y amoroso para abrir una conversación con sus hijos acerca de un tema tan determinante en sus vidas como la sexualidad.

Lucas y Jim

EL CÓDIGO DE LA PUREZA

CAPÍTULO 1

PRESENTACIÓN DEL CÓDIGO DE LA PUREZA

PUREZA:
Libertad de culpa. Limpieza; virginidad; castidad física; virtud; ausencia de una mala moral; honor.

CÓDIGO:
Grupo de lineamientos según los cuales se vive; sistema o recopilación de valores y compromisos.

Cada vez son más los chicos de tu edad que se están comprometiendo a cumplir con algo llamado El Código de la Pureza. Ellos están yendo en contra de lo que la sociedad considera «normal» haciendo un verdadero compromiso con Dios, sus familias y sus futuros cónyuges, de vivir una vida de integridad sexual y pureza. Esa una de las decisiones más sabias que puedan tomar y tiene poderosos resultados positivos de largo alcance.

¿Sabías que las decisiones que tomas hoy pueden afectarte por el resto de tu vida? Bueno, comprometerte con el Código de la Pureza puede incluso afectar la vida de tus futuros hijos y hasta nietos. Sí. Sabemos que suena demasiado vital como para asimilarlo rápidamente, pero seguir el Código en verdad marca una diferencia.

El Código de la Pureza se trata de vivir de una manera que te traiga la mayor libertad posible y te ofrezca un futuro para disfrutar. La gente que vive según el Código de la Pureza carga con la menor cantidad de peso espiritual y emocional (malos recuerdos, arrepentimientos, etc.) en sus relaciones y en su eventual matrimonio.

Miles de jóvenes ya se han comprometido con el Código de la Pureza antes de que este libro llegara a tus manos y aunque algunos luego han titubeado, todavía no hemos encontrado a una persona que se haya arrepentido de su compromiso inicial. De hecho, ellos dicen que fue una de las mejores decisiones de su vida.

Un compromiso con el Código no siempre es fácil, las tentaciones para quebrantarlo están en todas partes. Pero con la ayuda de Dios y de tus sabias decisiones puedes vivir la vida como debe ser vivida.

ESTE ES EL CÓDIGO DE LA PUREZA:

En honor a Dios, mi familia y mi futuro cónyuge, me comprometo a vivir una vida de pureza sexual. Esto incluye:

* Honrar a Dios con mi **cuerpo**

* Renovar mi **mente** para lo bueno

* Quitar mis **ojos** de cosas que no valen la pena

* Guardar mi **corazón** por sobre todas las cosas

¿Eso es todo? Aunque creas que Lucas y Jim ya están perdiendo demasiado pelo como para creer que sí: Efectivamente ese es el Código de la Pureza. Se ve y suena bastante fácil pero en realidad se requiere una increíble cantidad de fe en Dios y una gran auto-disciplina para hacer del Código de la Pureza un estilo de vida. Recuerda que las cosas buenas siempre exigen esfuerzo.

Si te decides a vivir según el Código de la Pureza necesitarás entregarle cuatro áreas de tu vida a Dios para que te ayude y fortalezca: tu cuerpo, tu mente, tus ojos y tu corazón.

El Código de la Pureza está íntimamente ligado a tu relación con Dios. El problema es que al mismo tiempo que tu cuerpo está cambiando y estás pasando rápidamente de la niñez a la madurez, tu relación con Dios probablemente también esté cambiando. En algún momento pareció muy simple ¿lo recuerdas? Pero ahora para muchos chicos de tu edad la fe parece algo un poco más complicado. Cuando analices el Código de la Pureza y tu relación con Dios no creas que hace falta tener todo resuelto. Dios es eterno y lo sabe todo, y nosotros digamos que no (¡A pesar del poco pelo seguimos aprendiendo!).

A Jesús una vez le preguntaron: «¿*Cuál es el mandamiento más importante?*» Sin dudarlo ni un instante Él respondió: «*Ama al Señor tu Dios con todo tu corazón, con toda tu alma, con toda tu mente y con todas tus fuerzas.*» El segundo mandamiento más importante es, dijo Jesús: «*Ama a tu prójimo como a ti mismo*» (Marcos 12:30-31). Algunos llaman a esto el «Credo de Jesús» y sostienen que contiene las palabras más significativas que Él jamás haya pronunciado. Estas simples instrucciones son definitivamente esenciales para entenderlas y vivir según ellas. Incluso adivina qué resumen: –¡Exacto! el Código de la Pureza.

Honrar y amar a Dios con tu cuerpo (fuerzas), mente, ojos (alma) y corazón es realmente vivir una vida de pureza. Esto lo cumplimos de muchas otras maneras, no solo en nuestra sexualidad, pero todos coincidiremos en que una vida pura incluye la pureza sexual. Hasta la frase de amar a nuestro prójimo como a nosotros mismos encaja perfectamente con el Código de la Pureza. Viviendo una vida de pureza no solamente nos estamos interesando por nuestra relación con Dios, nuestra familia y nuestro futuro cónyuge, sino que también nos estamos interesando en otros que nos van a mirar como modelos para no causarles tropiezo en sus futuras relaciones.

HONRAR A DIOS CON TU CUERPO

La Biblia nos enseña que *«el cuerpo no es para la inmoralidad sexual sino para el Señor, y el Señor para el cuerpo»* (1 Corintios 6:13). Si te decides a hacer que el Código de la Pureza sea parte de tu vida, necesitarás comprometerte a honrar a Dios con tu cuerpo. Uno de los más increíbles conceptos declarados en la Biblia es que *«su cuerpo es templo del Espíritu Santo, quien está en ustedes y al que han recibido de parte de Dios»* (1 Corintios 6:19). Para aquellos que creemos en Dios, esto significa que efectivamente Él reside en nuestro cuerpo de un modo muy místico. De allí que sea natural que nosotros queramos honrar a Dios con nuestros cuerpos (literalmente comprometer nuestros cuerpos y nuestras vidas con Él). Esto implica mantenernos tan saludables como podamos alimentándonos bien, ejercitándonos, durmiendo lo suficiente y permaneciendo puros sexualmente. Incluso nuestro aseo personal es una señal de que estamos teniendo cuidado de este regalo de parte de Dios.

Por otro lado, aquellos que no siguen el Código posiblemente entregarán sexualmente sus cuerpos fuera del matrimonio. Quizás llenen sus cuerpos con cosas poco saludables como el alcohol y las drogas. Incluso hasta podrían llegar a producirse cortes u otra clase de daños a sí mismos. Estos jóvenes no son malas personas, pero claramente no están cuidando su cuerpo.

RENOVAR TU ÓRGANO SEXUAL MÁS PODEROSO

«No se amolden al mundo actual, sino sean transformados mediante la renovación de su mente. Así podrán comprobar cuál es la voluntad de

Dios, buena, agradable y perfecta» (Romanos 12:2). Tu imaginación y tu habilidad para pensar hacen que tu mente sea tu órgano sexual ¡más poderoso! Las cosas con las que llenas tu mente determinan en gran manera la calidad y la pureza de tu vida. No importa qué edad tengas, si aprendes a privar a tu mente de cosas malas y en su lugar la alimentas de cosas buenas, entonces, como dice la Biblia en Romanos, podrás vivir según la voluntad de Dios que es buena y perfecta.

Un hombre se reunió con un consejero para hablar sobre un sueño que tenía una y otra vez. En el sueño un gato blanco peleaba con un gato negro. El consejero le preguntó: «Bueno, ¿y quién gana la pelea?» El hombre contestó: «El gato que yo alimente más». Esto se parece a renovar tu mente. Si pones cosas buenas dentro de tu mente, las cosas buenas ganarán. La Biblia incluso dice que tendremos paz: *«Piensen en todo lo verdadero, en todo lo que es digno de respeto, en todo lo recto, en todo lo puro, en todo lo agradable, en todo lo que tiene buena fama. Piensen en toda clase de virtudes, en todo lo que merece alabanza, y el Dios de paz estará con ustedes»* (Filipenses 4:8-9 DHH, énfasis mío). Cuando alimentas tu mente de cosas malas ocurre lo contrario.

Todo esto constituye la razón por la que te desafiamos a pasar un tiempo cada día, aunque sea unos pocos minutos, leyendo algún libro devocional (Como *Encuentros al límite* de Lucas) o una parte de la Biblia. Te desafiamos a escuchar buena música que te haga pensar en cosas positivas. También es importante encontrar amigos con los que puedas tener conversaciones sanas. En otras palabras, haz cosas que mantengan tu mente enfocada en el bien.

Cuando enfocamos nuestras mentes en lo malo, allí es cuando comenzamos a meternos en problemas. Si miras, escuchas y lees cosas en las que no hay pureza, adivina qué pasará: tarde o temprano, las cosas con las que llenas tu mente saldrán a la luz en tus acciones. Como dice Colosenses 3:2: *«Concentren su atención en las cosas de arriba, no en las de la tierra»*. ¡Allí está el secreto!

QUITAR TUS OJOS DE COSAS QUE NO VALEN LA PENA

«El ojo es la lámpara del cuerpo. Por tanto, si tu visión es clara, todo tu ser disfrutará de la luz» (Mateo 6:22). Estas palabras de Jesús podrían ser la inspiración para el dicho «Tus ojos son una ventana hacia tu alma». Pero, ¿sabías que tus ojos también son una ventana hacia tu

cerebro? Tu cerebro básicamente toma una fotografía de todo lo que ves y lo almacena en tu mente.

Desafortunadamente, hoy hay cosas malas casi en todas partes, pero ambos hemos aprendido a hacer lo que nos gusta hacer cuando manejamos y es ponernos lentes de sol para protegernos la vista. De la misma manera hay que aprender a protegerse los ojos de cosas que crean malas ideas en nuestra mente.

Aunque los autores de este libro no somos de la misma década, ninguno de nosotros quisiera ser adolescente ahora. Las tentaciones visuales que ustedes enfrentan son potencialmente más peligrosas que nunca antes en la historia. De todas maneras a mayor tentación más posibilidad de que se manifieste la ayuda sobrenatural de Dios cuando nuestra voluntad es firme.

En otro capítulo hablaremos acerca de la pornografía (fotos y videos sexuales), pero por ahora, te basta con saber que la gente a la que le gusta vivir según el Código, quita sus ojos de cosas que no valen la pena.

GUARDAR TU CORAZÓN POR SOBRE TODAS LAS COSAS

«Por sobre todas las cosas cuida tu corazón, porque de él mana la vida» (Proverbios 4:23). Este versículo resume muy bien cómo vivir según el Código de la Pureza.

Seguramente conoces algún joven que ha dejado que su vida resbale. Nosotros hemos conocido a algunos de familias cristianas sólidas y que crecieron aprendiendo de la santidad. Sin embargo, cuando llegó el momento de ir a la universidad o aun antes, bajaron la guardia y permitieron que el uso indebido de Internet, el alcohol, las drogas y una falta de compromiso con Dios, tomaran el control de sus vidas. Un joven con su vida bastante arruinada le dijo hace poco a uno de nosotros: «Todo el tiempo fui consciente de lo que estaba permitiendo que entrara en mi corazón, pero no me importó», y ahora estaba pidiendo ayuda para rearmar una vida ya completamente infeliz y desbaratada.

El corazón se cuidad con una vida de oración genuina y no con portarse bien solo por cuidar las apariencias o no meterte en problemas con tus padres.

No hay un mejor momento que ahora mismo para hacer que el Código de la Pureza sea tu oración de compromiso con Dios. No es necesario que entiendas completamente cada uno de sus aspectos ni tampoco llegarás a lograr algo en forma perfecta. Después de todo, eres un ser humano que a veces tambalea como cualquier otro. Pero a medida que avances a través del importante mensaje que contiene este libro, nuestro desafío será que abras tu corazón a todo lo que Dios tiene para ti. Antes de leer el próximo capítulo, comienza a hablar con Dios acerca del Código de la Pureza.

PARA HACER FUNCIONAR LA CABEZA

1. ¿Cuáles son los posibles resultados positivos que trae el vivir según el Código de la Pureza?

2. ¿Cuáles son algunas de las consecuencias negativas de no comprometerse con el Código?

3. ¿Cuál de las cuatro maneras de seguir el Código piensas que es la más desafiante?

* Honrar a Dios con tu cuerpo
* Remover tu mente para lo bueno
* Quitar tus ojos de cosas que no valen la pena
* Guardar tu corazón por sobre todas las cosas

CAPÍTULO 2

EL FUNDAMENTO:

DESARROLLAR UNA SEXUALIDAD SANA

Para vivir completamente de acuerdo con el Código de la Pureza hace falta desarrollar una visión sana acerca del sexo. De esto se trata este capítulo, pero primero una advertencia: la información que encontrarás aquí es directa y sin vueltas, y para algunos quizás esta sea la primera vez que aprenden sobre este tema.

Hemos pasado muuuuchos años de ministerio hablando con jóvenes acerca del sexo, y después de más de veinte años de escuchar sus preguntas sobre sexo y sus historias, tenemos algunas conclusiones importantes para compartir.

Primero, algunos adolescentes y preadolescentes toman decisiones sexuales que no son saludables principalmente debido a tres factores:

* Presión de sus amigos y compañeros

* Involucramiento emocional que excede su nivel de madurez

* Falta de una educación sexual cristiana sana y positiva

Aunque hay una cuarta razón: Muéstranos a alguien que es sexualmente promiscuo y te apostamos a que está peleando con una baja autoestima. Aquí está una parte de una carta que Jim recibió de una joven de Florida:

No soy una mala persona. No soy la persona más linda del mundo pero tampoco soy la más fea. Tengo una buena personalidad. Durante los últimos dos años he tenido relaciones sexuales con cinco novios diferentes. No sé por qué siempre les permito salirse con la suya, pero lo hago. Creo que quiero gustarles y temo que si no los dejo probar cosas (sexualmente) ellos no van a querer que sea su novia.

Esta chica dijo lo correcto: ella quiere gustarle a los demás, pero no está tomando buenas decisiones. La imagen que tiene de ella misma no es muy buena y también carece de una visión sana de su sexualidad. Es por esto que insistimos tanto con el Código de la Pureza.

Un gran desafío es la gran cantidad de mensajes de todo tipo que recibes con respecto al sexo. ¿Has escuchado alguno de estos?

* Los padres dicen: «No lo hagas...» (y luego no se habla más del tema... silencio).

* La iglesia dice: «No lo hagas porque es pecado...» (y luego... silencio).

* La escuela enseña: «Así es como debes hacerlo...» (pero no discute sobre moralidad o valores).

* Algunos músicos y actores dicen: «El sexo es fabuloso... solo asegúrate de cuidarte».

* Cuando eres más grande algunos de tus amigos pueden decir: «¡Yo lo hago y es fantástico!» (cuando quizás realmente no lo hacen o no siempre es tan fantástico).

La mayoría de los jóvenes no recibe una educación sexual sólida y positiva en sus hogares. Si *puedes* hablar de sexo con tus padres, eres afortunado, no muchos chicos lo hacen. Los padres a menudo no se sienten seguros como para enseñar sobre sexo o para saber cómo sacar el tema. Incluso puede ser aun más difícil hablar sobre una sexualidad sana porque tu sexualidad va más allá de lo que haces con tu cuerpo. La sexualidad abarca tus sentimientos y actitudes hacia ti mismo, y también cómo te sientes y actúas en relación a otros. Si tus padres te compraron este libro y están deseosos de hablar sobre sexo y sexualidad, ¡merecen un aplauso! Recién hace pocos años que la iglesia ha comenzado a hablar sobre una visión sana de la sexualidad. En una cultura tan pendiente del sexo, este tema tan importante debe ser discutido.

Desafortunadamente, la mayoría de las escuelas que ofrecen programas de educación sexual brindan lo que se llama una «educación neutral con respecto a los valores». En otras palabras, estos programas tocan temas como el control de la natalidad y técnicas sexuales, pero no ofrecen ningún tipo de valores o perspectiva moral.

Si alguien de otro planeta visitara la Tierra, pensaría que adoramos al sexo debido a que mucho de lo que vemos y escuchamos en los medios de comunicación está relacionado con él. Incluso verás que amigos o conocidos, debido a su propia falta de una sexualidad sana, se «jactan» de sus experiencias sexuales, ya sea que lo hayan hecho o no; como uno de nosotros (el latino) ha confesado en otro de sus libros que hacía en su propia adolescencia. Es fácil equivocarse pensando que todo el mundo está teniendo relaciones sexuales.

SEXO

Si tienes sangre en tus venas, tarde o temprano *pensarás* en el sexo. De hecho, es muy natural que a tu edad tengas preguntas relacionadas con el sexo.

¿Quién no ha escuchado esa estadística (o leyenda urbana) que dice que en promedio, los varones de dieciséis años tienen un pensamiento sexual cada veinte segundos? En realidad, no tenemos idea de si esto es verdad o no, pero compartimos esta información con un grupo de jóvenes y un chico de dieciséis años se acercó a uno de nosotros y le dijo: «¿Usted conoce esa estadística que dice que tenemos un pensamiento sexual cada veinte segundos?» A lo que luego agregó: «Bueno, ¿en qué se supone que debo pensar los otros cuarenta segundos de cada minuto? ¡El sexo está siempre en mi cabeza!»

El sexo y la sexualidad influyen en toda nuestra vida. Algunos piensan más en el sexo a diferentes edades, pero la curiosidad natural acerca de la sexualidad humana comienza bastante temprano. Tus padres seguro te podrán contar alguna historia graciosa de cuando descubriste que tu hermano o hermanita o algún primo o prima no tenía o sí tenía... lo que había que tener...

Dios nos ha creado a todos y a cada uno de nosotros con un deseo sexual; Él quiere que las parejas se enamoren, que se casen y que tengan hijos. Además de este deseo sexual dado por Dios, puedo pensar en al menos tres otras razones por las que el sexo será una parte importante de tu vida.

1. El sexo está en todas partes

Una de las principales razones por las que el sexo influencia nuestras vidas es porque está *en todas partes*. Piensa en la cantidad de canciones que has oído que contienen situaciones sexuales, imágenes sugestivas o palabras sexualmente explícitas. Mira televisión durante una noche y cuenta todas las insinuaciones sexuales. Hasta las películas más inocentes a menudo dan a entender algo sexual. Todas las formas de medios de comunicación (periódicos, revistas, radio, televisión, carteleras publicitarias y, por supuesto, Internet) usan el sexo para llamar nuestra atención. La sabiduría del mundo dice que el sexo vende.

No tenemos idea de cuál es la relación que existe entre el cuerpo de una mujer y una exagerada variedad de productos que las publicidades relacionan al mismo en la tele o en las calles.

Hace poco encontramos esta estadística: ¿Sabías que en las telenovelas el noventa y cuatro por ciento de todos los actos o insinuaciones
sexuales involucran a personas que no están casadas entre ellas? Eso no
refleja de ninguna manera la realidad.

2. El sexo es misterioso

Sumando nuestros matrimonios posiblemente llegaríamos a cerca de
medio siglo, pero sin embargo seguimos aprendiendo sobre diferentes
aspectos de nuestra sexualidad y la de nuestras esposas. Allí hay un
misterio inagotable porque la sexualidad está íntimamente relacionada
a nuestra identidad. Es un aspecto de suma intimidad y eso siempre
abre nuevas etapas de exploración. No creemos que haya dudas de que
Dios hizo el sexo como algo misterioso porque quería que lo mantuvié-
ramos como algo especial y protegido como tesoro.

3. El sexo es placentero

Escuchar a una persona que te desafía a vivir según el Código de la
Pureza decir que el sexo es placentero, puede ser un poquito confuso.
Sin embargo es la verdad. El sexo puede ser hermoso y de hecho, esa es
la razón por la que Dios lo inventó. Si todavía no lo tienes claro te lo
decimos bien claro: el sexo es algo bueno porque lo creó Dios. Lo que
sucede es que con muchas cosas buenas también podemos lastimarnos
(piensa en el fuego, el agua, el hielo, un cuchillo, una aguja y ¡hasta
con tus dientes te puedes morder la lengua!). La Biblia deja muy claro
que debemos guardar las relaciones sexuales para el matrimonio. De todos modos, aquí estamos viendo por qué el sexo tiene tanta influencia
en nuestras vidas, y una de las principales razones es que generalmente
es muy placentero. Si no fuera una sensación y una experiencia muy
especial, no nos haríamos tanto problema.

Algunas personas no creen que la Biblia tenga mucho para decir acerca de cómo deberíamos vivir nuestra sexualidad. Esta gente no ha hecho
su tarea. La Biblia no es un manual sobre sexo, pero contiene varios
pasajes extremadamente importantes para aquellos que verdaderamente desean ser todo lo que Dios quiere que sean. Echemos un vistazo a
algunos de estos versículos clave.

Lo que la Biblia dice sobre el adulterio

Probablemente estés familiarizado con el mandamiento «no cometas adulterio» (Éxodo 20:14). El adulterio ocurre cuando dos personas

tienen relaciones sexuales y al menos una de ellas está casada con otra persona. No necesitas ser un astronauta para darte cuenta de que Dios sabía lo que estaba haciendo cuando incluyó este mandamiento dentro de los Diez Mandamientos. La mayor parte de la gente de hoy en día ha visto vidas arruinadas debido al adulterio. Vienen a nuestra mente familias enteras cuyas vidas han sido radicalmente cambiadas y profundamente heridas por causa del adulterio. Dios quiere lo mejor para ti. Desea protegerte del dolor de una relación rota. Él ha establecido esta regla por una buena razón.

Lo que la Biblia dice sobre la fornicación

Pablo escribió: *«La voluntad de Dios es que sean santificados; que se aparten de la inmoralidad sexual»* (1 Tesalonicenses 4:3). Aquí viene una rápida lección de griego: La palabra original para «inmoralidad» en este versículo es *pornea*. Esta es la raíz para la palabra pornografía o fornicación. Algunas traducciones de la Biblia incluso utilizan la palabra *fornicación* en lugar de *inmoralidad*. La fornicación tiene lugar cuando dos personas que no están casadas tienen sexo. Entonces nos preguntamos nuevamente: ¿Dios está tratando de arruinarnos la diversión? De ninguna manera. Él sabe qué es lo mejor para nosotros. Él nos ama. Él entiende profundamente la confusión y el dolor de aquellos que eligen ir contra su voluntad. Nos gustaría que pudieras escuchar las historias de chicos que han roto el Código. Hay culpa, dolor, confusión y, para algunos, sentimientos de desesperanza. Lo repetimos, Dios sin duda sabía lo que estaba haciendo cuando se le ocurrió el mandamiento de mantenernos lejos del sexo hasta el matrimonio.

Lo que la Biblia dice sobre la unión del hombre y la mujer: una sola carne

«¿No han leído —replicó Jesús— que en el principio el Creador "los hizo hombre y mujer", y dijo: "Por eso dejará el hombre a su padre y a su madre, y se unirá a su esposa, y los dos llegarán a ser un sólo cuerpo"? Así que ya no son dos, sino uno solo. Por tanto, lo que Dios ha unido, que no lo separe el hombre» (Mateo 19:4-6). Como muestra la Biblia, Dios ve a la relación sexual física como algo muy sagrado y especial. El sexo es físico, pero también es una unión espiritual. La expresión «sexo casual» no está en Su vocabulario.

No hay mejor ejemplo de estar unidos como *una sola carne* que cuando un hombre y una mujer tienen una relación sexual. La relación sexual llega hasta lo más íntimo que puedas llegar. ¿Estás preparado para llegar a ser una sola carne con otra persona? Es algo muy serio en lo que debes pensar *antes* de que te encuentres en una situación comprometida. Aunque las películas, la música y lo que se publica en Internet a veces tratan de hacer que así parezca, no existe el sexo casual.

Lo que la Biblia dice sobre el cuerpo humano

Como cristiano, no hay absolutamente ninguna duda de que tu propio cuerpo es un templo de Dios: «*Huyan de la inmoralidad sexual. Todos los demás pecados que una persona comete quedan fuera de su cuerpo; pero el que comete inmoralidades sexuales peca contra su propio cuerpo. ¿Acaso no saben que su cuerpo es templo del Espíritu Santo, quien está en ustedes y al que han recibido de parte de Dios? Ustedes no son sus propios dueños; fueron comprados por un precio. Por tanto, honren con su cuerpo a Dios*» (1 Corintios 6:18-20).

De una manera muy misteriosa el Espíritu Santo de Dios vive dentro de cada creyente cristiano. Nuestro cuerpo debe glorificar y honrar a Dios; después de todo, Él nos creó y vive dentro nuestro. Y, como leíste en el capítulo anterior, una parte muy importante del Código de la Pureza es honrar a Dios con nuestros cuerpos.

Además de los versículos que ya mencionamos, hay muchos otros en la Biblia que hacen foco en el tema del sexo. Y leyéndolos se ve de forma muy clara que Dios ve nuestra sexualidad como algo muy bueno, muy especial e incluso sagrado. ¡Él no es un *aguafiestas*! Él quiere lo mejor para nosotros. Es por eso que quiere que esperemos hasta el matrimonio para tener relaciones sexuales. Sin embargo, el sexo es mucho más que una relación sexual y creemos que es casi imposible no ser puro en algunos otros aspectos y aun así abstenernos de tener relaciones sexuales hasta el matrimonio.

Por lo tanto, el fundamento para tener una sexualidad sana viene de una sola fuente: la Biblia. La decisión es nuestra: seguir la sabiduría de Dios o ser uno más en la cultura moderna.

PARA HACER FUNCIONAR LA CABEZA

1. Haz una lista de las áreas de nuestra cultura que presentan a la sexualidad de maneras que son opuestas al Código de la Pureza.

2. ¿Qué crees que es lo que hace a nuestra sexualidad tan increíblemente especial y única?

3. ¿Qué aprendiste acerca de desarrollar una sexualidad sana en los versículos de la Biblia y a través de este capítulo?

TU
CUERPO

CAPÍTULO 3

CAMBIOS
EN TU
CUERPO

Tu cuerpo está siempre cambiando. Desde el día en que fuiste concebido hasta este mismo momento, muchas cosas han ido cambiando, creciendo, muriendo, todo en un constante movimiento. Pero en lo referido a la sexualidad, hay un «Gran Momento» de cambio: la pubertad.

La pubertad generalmente ocurre entre los diez años y medio y los catorce. Algunos cuerpos cambian más temprano y otros más tarde. Algunas chicas comienzan a desarrollarse antes que la mayoría y otras lo hacen mucho más tarde. Pero podemos estar tranquilos porque tarde o temprano el cuerpo humano ¡siempre funciona! El momento en el que ocurren todos los cambios corporales no es lo importante pero cuando estás en el medio de ellos es muy importante, entender algunos de estos cambios. Es normal tener curiosidad y es normal tener preguntas.

Este capítulo puede llegar a ser un poco incómodo para algunos, pero aún así es necesario que hablemos de esto. Todo el mundo, en algún momento, tiene que hablar de este tema, y este puede ser ese momento.

LOS CHICOS Y LAS CHICAS FUERON CREADOS DIFERENTES

Si estás en la etapa de la vida llamada adolescencia, tu cuerpo y tu mente están atravesando algunos cambios muy importantes. Algunos de los cambios que experimentan los chicos y las chicas son muy similares, pero los chicos y las chicas viven la sexualidad y las relaciones de forma muy diferente. Esa es la razón por la cual tu compromiso con el Código de la Pureza es extremadamente importante en esta etapa de tu vida.

Ambos vimos a niños que no estaban interesados en el sexo opuesto hasta que de la noche a la mañana de repente los vimos abrazando o de la mano de alguien del sexo opuesto en algún campamento.

Un viejo pastor de Jim siempre solía decir: «Dios nunca llega demasiado temprano ni demasiado tarde». Más allá de que alguien esté emocionado o no con este tema de la pubertad, ella llegará justo a tiempo para cada persona. Sólo tenemos que asegurarnos de estar informados y listos para esos cambios. Los cambios son únicos para cada persona, pero hay cosas básicas que le ocurrirán a tu cuerpo y a tus emociones que son similares a las que les sucederán a tus amigos. A medida que avanzamos viendo estos diferentes cambios entre chicos y chicas, asegúrate de estar consciente de que el Diseñador Maestro ha creado cada detalle de tu cuerpo, y que Él juega un rol vital en cada aspecto de este desarrollo. Desde el día en que eras solo un embrión en la panza de tu mamá, Dios está muy atento a ti. Y mientras leas este capítulo ten presente lo que David dijo en el libro de los Salmos: «*Tú creaste mis entrañas; me formaste en el vientre de mi madre. ¡Te alabo porque soy una creación admirable! ¡Tus obras son maravillosas, y esto lo sé muy bien! Mis huesos no te fueron desconocidos cuando en lo más recóndito era yo formado, cuando en lo más profundo de la tierra era yo entretejido. Tus ojos vieron mi cuerpo en gestación: todo estaba ya escrito en tu libro; todos mis días se estaban diseñando, aunque no existía uno solo de ellos*» (Salmo 139:13-16).

CAMBIOS EMOCIONALES

Chicos, primero con ustedes. Aunque no nos guste admitirlo, algunos muchachos se desarrollan emocionalmente y hasta sexualmente más tarde que muchas chicas. En el caso de ambos es curioso «confesar» que estuvimos enamorados de compañeras de escuela que eran más altas que nosotros. Éramos de la misma edad pero ellas ya habían crecido y ahora sabemos que ya se habían desarrollado.

Los muchachos de tu edad son muy físicos. A muchos de ustedes les gusta luchar y forcejear con sus amigos. En realidad, están hambrientos de intimidad física. Son muy físicos con la vista y hasta con sus manos. A los varones en general les resulta más fácil desconectar su cuerpo de su mente, corazón y alma. Créeme, esto te puede traer problemas. En realidad, cuando se trata de sexualidad, los varones a menudo dan amor para obtener sexo. Son estimulados por lo que sus ojos ven, ¡y lo quieren!

Las mujeres son más emocionales. Muchas chicas se preocupan demasiado por las relaciones de todo tipo durante la pubertad. Tanto las relaciones con sus amigas como con sus amigos son una parte natural de sus vidas. Están hambrientas de intimidad emocional. Sus cuerpos, al contrario de lo que sucede con algunos de sus amigos varones, están extremadamente conectados a su mente, corazón y alma. A menudo las mujeres dan sexo para recibir amor. Eso es justamente lo opuesto a lo que ocurre con su contraparte masculina. Hoy en día las chicas pueden ser estimuladas visualmente como los chicos, pero son mucho más conmovidas por las palabras, las caricias y el romance, en otras palabras, por sus emociones.

Las mujeres son estimuladas por lo que escuchan y los hombres se excitan por lo que ven. ¿Alguna de estas formas está mal? Sólo son diferentes. Cuanto antes entiendas la diferencia, mejor serás en poner en práctica el Código de la Pureza.

DIFERENCIAS FÍSICAS

Bueno, esta vez las chicas van primero.

Chicas: su sistema sexual

Al estudiar los sistemas del cuerpo humano y especialmente los sistemas sexuales, es fabuloso notar cómo el Diseñador Maestro de nuestros cuerpos pensó en todo. El sistema entero fue creado teniéndonos en mente.

La mamá de Lucas era ginecóloga y al dar conferencias solía contar que la mayoría de las chicas cuando venían a realizar su primera consulta, realmente no entendían su sistema sexual. También decía que la mayor parte de los hombres que había conocido por haber traído miles de bebés al mundo, no solo no tenían idea del sistema sexual femenino, sino que tampoco entendían su propio sistema. Por lo tanto, aquí va una explicación de los sistemas sexuales, primero el femenino. Aunque es bueno mencionar, de todos modos, que existen otros libros disponibles que contienen una mirada mucho más detallada a las particularidades físicas y biológicas de las partes más importantes del cuerpo del hombre y de la mujer.

Uno de los primeros cambios visuales en el cuerpo de una adolescente es un aumento en el tamaño de los pechos y un ensanchamiento en las caderas. Antes de la pubertad, el pecho de un chico y de una chica luce igual. Sin importar el tamaño, los pechos tienen dos partes: las *glándulas mamarias* que se conectan a los pezones a través de pequeños conductos, y los *tejidos grasos* que hacen que sean blandos. Más allá de que nuestra cultura moderna se enfoque tanto en el tamaño de los pechos, el plan de Dios fue crear una forma muy eficiente de alimentar a un bebé. Las caderas de una mujer se ensancharán y comenzará a crecer vello en la zona púbica (la parte de adelante del cuerpo que es cubierta por la ropa interior) y bajo los brazos. Todo esto es natural y en general es bien recibido por las adolescentes.

Una mujer tiene un par de *ovarios* que comienzan a funcionar de manera distinta en la pubertad. Hay miles de óvulos inmaduros almacenados en los ovarios y en algún momento entre los diez y los trece años los ovarios comienzan a producir *estrógeno*. Esta hormona ayuda a controlar todos los cambios que van teniendo lugar dentro de tu cuerpo. Aproximadamente una vez por mes, luego de la pubertad, los ovarios liberan un óvulo. Esto se llama *ovulación*. El óvulo va hacia las *trompas de Falopio*, que conectan a los ovarios con el útero. Las trompas de Falopio tienen la importante tarea de ser el camino que tu óvulo transita hacia la matriz. También son el lugar en donde el espermatozoide del hombre y el óvulo de la mujer se encuentran para crear un bebé. (Hablaremos más de eso en un momento). El *útero* también es llamado matriz, y allí es donde un bebé crece hasta el día de su nacimiento. Cuando un óvulo no es fertilizado (es decir, que no hubo ningún espermatozoide para fertilizarlo) continúa hacia el útero y finalmente se va a través de la sangre producida por el revestimiento del útero, y tienes tu período o menstruación.

La *vagina* es algo así como un pasadizo que durante el nacimiento se transforma en el canal de parto. Es un tubo de unos siete centímetros hecho de un músculo elástico. Durante la relación sexual, la vagina se expande y se lubrica para hacer que el acto sexual sea más fácil. Como puedes ver, todo tiene un propósito y está conectado de una u otra forma. La vagina está conectada al *cuello del útero*, que es un músculo fuerte que separa la vagina del útero. La función principal del cuello del útero es crear una suerte de tapón mucoso cuando una mujer está embarazada, para proteger la bolsa con líquido amniótico dentro de la cual está el bebé dentro de la matriz. ¿Aún estás confundido?

La siguiente parte del sistema sexual está ligada a la vagina. Al lado de la apertura de la vagina se encuentra la *uretra*. La uretra está ubicada en frente y totalmente separada del canal vaginal, y es el conducto que permite que la orina salga de tu cuerpo. Los *labios* son dos diferentes pares de pliegues de piel que protegen la vagina. El *clítoris* es un órgano muy pequeño ubicado hacia el frente de la vagina de la mujer. Tiene un tejido que funciona como una terminación nerviosa placentera para la excitación sexual. Francamente, ¡Dios pensó en todo, hasta se ocupó de que hubiera mucho placer en la sexualidad matrimonial!

Ok, ahora es el turno de los chicos y luego volveremos a la reproducción.

Generalmente, el primer signo llamativo en un adolescente que está comenzando el viaje de la pubertad es que comenzará a crecerle *vello* en la ante parte de su pene. Como todas las personas se desarrollan a diferentes edades, el vestuario de los varones puede llegar a ser un lugar un poco intimidante porque algunos chicos tendrán vello y otros no. Lo próximo que ocurre es que el *pene* y el *escroto* aumentan su tamaño. Al igual que los pechos, los penes tienen un tamaño diferente en cada uno.

El pene está hecho de un tejido blando y básicamente tiene tres partes. El *tallo* es la parte más larga y está conectada a la cabeza o *glande*. El glande tiene una piel muy suave y sensible que es un poco diferente a la del tallo del pene. Hay un orificio al final del glande que es por donde se elimina la orina y el semen. Hablaremos sobre el semen en un minuto. La otra parte del pene es lo que se llama *prepucio*. El prepucio es una continuación de la piel del tallo que cubre el glande. A algunos chicos les cortan el prepucio a los pocos días de nacer. Esto es lo que se llama *circuncisión*. Los varones judíos y la mayoría de los muchachos norteamericanos están circuncidados. Otras culturas no acostumbran a circuncidar a los hombres y con la medicina moderna es más una decisión de los padres que otra cosa.

Colgando debajo del pene se encuentra una parte en forma de saco o bolsa llamada *escroto*. El escroto contiene dos partes fundamentales del sistema sexual masculino llamadas *testículos*. Estos son dos órganos en forma de huevos pequeños que tienen dos importantes funciones. En primer lugar producen *testosterona*, que es la hormona que hace que los varones luzcan como varones, que les crezca la barba y otras características masculinas. La otra función de los testículos es la producción de *espermatozoides*, que son necesarios para fertilizar un óvulo de una mujer y crear un bebé. Cuando los muchachos llegan a la pubertad, sus testículos comienzan a producir unos 100 millones de espermatozoides por día. La testosterona en el cuerpo de un hombre ayuda a la *glándula prostática* y a otras glándulas a producir un fluido que se mezcla con los espermatozoides para poder salir del cuerpo cuando tiene una *eyaculación*, que es el proceso durante la relación sexual cuando el pene se hace firme y eyacula *semen*. El semen es una sustancia blanca y lechosa que es una mezcla de los espermatozoides y otros fluidos que vienen de esas glándulas masculinas. Cuando un espermatozoide de tu papá biológico y un óvulo de tu mamá biológica se encontraron luego de una relación sexual, ¡comenzaste a vivir!

EMBARAZO

Calculamos que a esta altura ya sabes que no te trajo la cigüeña. Como ya mencionamos antes, la Biblia es muy clara en lo que se refiere a la sexualidad. En la mayoría de las ceremonias cristianas de casamientos se leen estos versículos que se encuentran en el Antiguo Testamento y Jesús cita en el Nuevo Testamento. Él dijo: «*Por eso dejará el hombre a su padre y a su madre, y se unirá a su esposa, y los dos llegarán a ser un solo cuerpo*» (Mateo 19:5). Aunque este versículo está hablando de mucho más que las relaciones sexuales, es una ilustración descriptiva de dos individuos que se hacen uno.

Cuando un hombre y una mujer experimentan una relación sexual, los dos cuerpos literalmente se transforman en uno. En un matrimonio en donde hay amor, la experiencia de las relaciones sexuales debe ser una sensación maravillosa por hacer que dos personas que se han comprometido a pasar sus vidas juntos, se hagan una. Este sentimiento puede ser eufórico y con mucho placer. Durante la relación sexual, el pene está firme dentro de la vagina. Cuando eyacula, millones de espermatozoides son liberados dentro de la vagina de la mujer. Aunque esta es una descripción simplificada, imagina a los espermatozoides «nadando» como peces a través del canal vaginal, del cuello del útero y dentro de las trompas de Falopio donde, en cierto momento del mes, el óvulo de la mujer le dará la bienvenida al espermatozoide que hizo este viaje tan largo. (Una gran cantidad de espermatozoides murió antes de llegar a las trompas de Falopio). El espermatozoide y el óvulo se unen y rápidamente el espermatozoide fertiliza al óvulo. En este momento maravillosamente milagroso, un bebé es concebido.[1]

Cuando un óvulo es fertilizado, no solamente es uno de los milagros más extraordinarios de Dios, sino que ese óvulo fertilizado es el comienzo de una nueva vida. Un bebé puede lucir bastante extraño en los primeros dos meses, pero la parte sorprendente es que en la semana cuatro o cinco el corazón ya está latiendo con un ritmo regular.

LA MASTURBACIÓN

Cuando los adolescentes llegan a la pubertad y sus cuerpos cambian, la autoexploración a veces se vuelve sexual o sensual. La masturbación es más común entre los varones, pero las mujeres definitivamente también la experimentan. Hay mitos tontos con respecto a la masturbación que dicen que si lo haces quedarás ciego o te comenzará a crecer vello en tus nudillos. Esos son rumores ridículos, por supuesto, pero te sorprendería saber cuánta gente realmente cree en cosas como esas.

La masturbación técnicamente se llama «autoerotismo». Auto significa «uno mismo» y erotismo significa «estimulación sexual». Básicamente, la masturbación es la «estimulación sexual de uno mismo.» Incluso para los niños pequeños, es muy normal que se exploren las partes de su cuerpo. Esto no es algo sucio o malo en un sentido mecánico, por lo que es bastante normal y esperable en la niñez temprana así como en la pubertad. Pero como el tema principal de este libro es cómo vivir según el Código de la Pureza, veamos cómo la masturbación se relaciona con una vida pura.

La masturbación y el Código de la Pureza

Es interesante que la Biblia no menciona directamente a la masturbación. Sin embargo, la Biblia habla de la lujuria, de la fantasía y de la fidelidad a nuestro cónyuge o futuro cónyuge. Nuevamente, aunque la experimentación autoerótica es algo normal a esta edad, hay algunas ideas que debemos tener en claro. Jesús dijo: «"No cometas adulterio". Pero yo les digo que cualquiera que mira a una mujer y la codicia ya ha cometido adulterio con ella en el corazón» (Mateo 5:27-28). Este versículo marca parámetros muy altos para el Código de la Pureza. (A propósito, Jesús habló de hombres que codician a mujeres, pero lo mismo se aplica a las mujeres que miran a los hombres con lujuria). Básicamente, Jesús está diciendo que si tenemos pensamientos de lujuria con respecto a alguien, hemos desobedecido uno de los Diez Mandamientos.

Jim cuenta de una chica que le preguntó si podía hablar con él en privado y le contó muy preocupada que practicaba la masturbación en forma regular y que había identificado que lo hacía luego de tener una discusión con su madre. Esta chica estaba utilizando la masturbación como una forma de lidiar contra el estrés. Esto puede transformarse en lo que se llama un comportamiento obsesivo-compulsivo. En varias ocasiones han sido varones que nos han contado que se masturban diariamente o varias veces al día. Muchísimas personas utilizan la masturbación como una manera de liberación sexual mientras miran pornografía en Internet. Esto involucra a la lujuria, a la fantasía y a un falso tipo de intimidad. Si tú te encuentras en alguna de estas situaciones, busca ayuda. Por supuesto que es un poco incómodo contarle a alguien este tipo de problemas o hacer preguntas al respecto, pero créeme, un consejero o pastor ya ha oído antes estas cosas y puede ayudarte a tomar control sobre tus acciones y hábitos para proteger tu pureza.

Shannon Ethridge, autora de best sellers y defensora de la sexualidad sana, dice que: «La única forma de matar un mal hábito es no alimentándolo». Y creemos que cuando vivimos según el Código de la Pureza también tendremos que luchar contra el lado negativo del hábito de la masturbación. La lujuria, la fantasía y los comportamientos obsesivos-compulsivos mantienen a nuestras mentes, corazones, cuerpos y ojos lejos de la pureza y enfocados en cosas que pueden llevarnos por caminos peores.

A medida que tu cuerpo cambie será importante tener el coraje de realizar preguntas y de compartir con personas de confianza pero maduras acerca de tus dudas e inquietudes sobre todas las áreas de tu sexualidad. Para vencer y experimentar todas las bendiciones y la libertad de una vida de pureza es necesario mantener las tentaciones bajo control y la mente bien limpia. Nadie dijo que sería fácil. Pero hay un camino que lleva a la alegría y a la libertad. Es el camino del Código.

PARA HACER FUNCIONAR LA CABEZA

1. ¿Qué es lo que hace que la pubertad sea emocionante y que también dé un poco de miedo?

2. ¿Qué aprendiste en este capítulo que sea nuevo para ti? (¡Para los jóvenes y para los padres!)

3. El embarazo en un increíble milagro de Dios. ¿Tienes alguna idea de por qué Dios usó la sexualidad como una parte tan importante de la creación de los bebés?

CAPÍTULO 4

¿ES SEGURO EL SEXO?

¿Por qué todo el mundo habla, canta, escribe y hace películas sobre sexo? Hay dos razones. La primera es que Dios lo diseñó para el placer y la procreación, y ambos son deseos instintivos en el ser humano. Y la segunda es que el sexo mal usado tiene un poderoso efecto destructivo y eso le encanta a Mr. Diablo.

Al leer en la Biblia la historia de la creación recordamos que el sexo fue idea de Dios. Al principio de la historia dice directamente que Adán y Eva tuvieron relaciones sexuales. (*«El hombre se unió a su mujer Eva, y ella concibió...».* Génesis 4:1). Nuestra sexualidad sin duda alguna fue pensada para ser segura, especial e íntima entre un esposo y su esposa y es una de las experiencias más increíbles de la vida. Sin embargo, cuando se rompe el Código, el sexo no es seguro.

Hasta ahora nos hemos enfocado principalmente en los aspectos positivos y saludables de vivir según el Código de la Pureza, pero en este capítulo veremos algunos de los resultados negativos de no vivir según el Código.

Sí. Así como tu sexualidad es tan hermosa, también puede ser insegura no solo para tu cuerpo sino también para tus emociones, tu mente y tu espíritu.

CONSECUENCIAS FÍSICAS

Julia y Pedro tenían solo dieciséis años cuando se dejaron llevar en una fiesta y tuvieron relaciones sexuales. Julia estaba tan enredada sentimentalmente con Pedro que aunque quería decir que no, tenía miedo de pedirle que se detuviera. Anteriormente, ellos se habían comprometido a mantenerse puros, pero esa noche bajaron la guardia y pusieron en juego sus valores. Ni les pasó por la mente usar algún tipo de método anticonceptivo porque no habían planeado «llegar hasta el final». Sólo sucedió.

Varias semanas más tarde Julia supo que estaba embarazada. Cuando se lo dijo a Pedro, él no fue para nada comprensivo ni le dio su apoyo. Julia se sintió sola y usada. (Seguiremos con esta historia en un momento).

Algunos estudios recientes muestran que la gran mayoría de chicas y chicos que han tenido relaciones sexuales fuera del matrimonio desearían haber esperado. Las relaciones sexuales no llevan automáticamente al embarazo, pero mucha gente joven se arriesga por unos pocos minutos de éxtasis con alguien con quien pronto no van a querer pasar el resto de sus vidas. Un embarazo cambia la vida de una persona en gran manera. De repente tienes la responsabilidad de criar a un hijo y esa no es una aventura pequeña cuando no tienes la estabilidad para traer al mundo y criar a una criatura. Cuando Dios dijo: «No cometan inmoralidad sexual», Él sabía perfectamente lo que estaba haciendo.

Ahora, hablemos abierta y honestamente sobre el embarazo. Si eres un muchacho, tienes la misma responsabilidad que la mujer embarazada, excepto que tú obviamente no llevas el bebé en tu vientre. Muchísimos chicos ignoran sus responsabilidades cuando una chica queda embarazada. Esto está mal. Una persona íntegra asumirá las responsabilidades de un embarazo. La solución fácil es ignorar y evitar la situación, pero ese no es de ninguna manera el camino correcto.

Una de las decisiones más grandes que una persona (o en el mejor de los casos una pareja) tomará es qué hacer con el bebé. El aborto no es una opción para las parejas cristianas ni para nadie que considere que matar es una buena idea. Así que solo tienen dos opciones: Criar al niño ellos mismos o elegir a otra familia para que lo haga. Ambas decisiones son increíblemente valientes, dado el hecho de que alrededor de un treinta por ciento de los embarazos en adolescentes terminan en aborto.[1] Quedarse con el bebé te cambia la vida para siempre. Darlo en adopción también.

Aunque no sea parte de la cultura evangélica promedio y menos en América Latina, pensamos que cualquier persona joven que no esté lista para criar un hijo, debería al menos considerar la opción de la adopción. Jim y su esposa Cathy están profundamente agradecidos a una valiente madre biológica que tuvo una hija sin estar casada y les permitió el privilegio de criar a su hija mayor. Cathy y Jim no podían tener hijos debido a la infertilidad y consideraron un milagro el regalo de vida que les hizo la madre biológica de su primera hija.

Y hablando de milagros, esto nos lleva nuevamente a la historia de Julia y Pedro. Ella sabía que no estaba preparada para criar a un hijo, por lo cual tomó la valiente decisión de elegir el proceso de adopción. Hoy existe un chico que un día estará profundamente agradecido porque Julia y Pedro no abortaron. Julia tiene un dolor en su vida debido a su mala elección, pero también puede descansar segura de que hay un niño y una pareja que les están muy agradecidos.

Se puede sobrevivir a un embarazo, pero hay otros temas alrededor de la actividad sexual que acarrean consecuencias físicas y emocionales de por vida.

Enfermedades de transmisión sexual (ETS)

¿Sabías que elegir tener sexo fuera de una relación matrimonial segura es como un juego de azar, casi como jugar a la ruleta rusa? Fíjate que dijimos «sexo» en lugar de relaciones sexuales. Esto es porque las enfermedades de transmisión sexual se pueden dar sin *ningún* tipo de contacto genital.

Conocemos a una chica que, podríamos decir, era técnicamente virgen (nunca había tenido una relación), pero sí tenía otras formas de contacto sexual con un chico y para su sorpresa descubrió que tenía una ETS común llamada Virus del Herpes Simple. Esta sorpresa fue peor cuando su médico le informó que no había cura para esta enfermedad. Viviría con ella por el resto de su vida. Ella no tenía idea de las consecuencias de una actividad sexual que pensó que era inofensiva porque «no llegaba hasta el final.» Afortunadamente, luego de esto se comprometió a vivir según el Código de la Pureza para siempre y más adelante se casó con un hombre que aceptó su enfermedad y el continuo y costoso tratamiento médico que ésta requería.

LOS HECHOS

Debemos entender algunos hechos relacionados con la actividad sexual que ocurre fuera del matrimonio. Para decirlo en forma simple, no es tan seguro como las películas y novelas muestran que es. Sólo mira estas estadísticas. En los últimos años se han reportado más de diecinueve millones de casos de ETS (a veces llamadas enfermedades venéreas o EV) solo en Estados Unidos y la mitad de aquellos que contrajeron una ETS estaban entre los quince y los veinticuatro años. Esto ubica a las ETS en un nivel epidémico. Una nota de tapa sobre las ETS de una reciente revista Time, informaba que si la epidemia continúa, casi toda la gente joven que es sexualmente activa, tarde o temprano contraerá una ETS, en gran medida debido a que las personas jóvenes promedio sexualmente activas tienen unas siete relaciones diferentes antes de llegar a los veinte años. En otras palabras, las consecuencias físicas de la promiscuidad sexual son muy serias.

Hasta los años setenta había solo dos tipos principales de ETS: sífilis y gonorrea. Hoy en día hay, según el último conteo, más de veinticinco tipos diferentes de ETS. Este capítulo no intenta ser la respuesta a todas ellas, pero debemos darte alguna información básica sobre las formas más conocidas.

Sífilis y Gonorrea

La sífilis y la gonorrea son consideradas infecciones bacteriológicas y pueden ser tratadas con antibióticos como la penicilina. Sin embargo, antes de que se inventara la penicilina en 1928, millones de personas murieron por causa de estas enfermedades. Hoy en día la sífilis y la gonorrea pueden ser curadas si se tratan lo suficientemente a tiempo, pero por estar asociadas a la promiscuidad sexual, la gente a veces tiene vergüenza de realizarse los exámenes médicos. Ambas son transmitidas a través del contacto sexual. Algunos llaman a la gonorrea la «enfermedad silenciosa» porque como no siempre hay síntomas al principio, la gente puede estar infectada sin saberlo. Si no se trata, la gonorrea puede causar esterilidad (incapacidad de tener hijos) o puede llevar a atroces formas de artritis, meningitis y hasta enfermedades cardíacas. Existe cura para estas enfermedades bacteriológicas, ¡pero la forma de evitarlas en primer lugar es vivir según el Código!

VIH / SIDA

El VIH (virus de inmunodeficiencia humana) es uno de los virus más conocidos en el mundo. El VIH puede convertirse en SIDA (síndrome de inmunodeficiencia adquirida), que le quita al cuerpo su habilidad para pelear contra las infecciones y a la larga causa la muerte. El VIH y el SIDA pueden contagiarse a través de las relaciones genitales y orales. El VIH incluso puede ser contagiado a un recién nacido si su madre está infectada. El VIH/SIDA todavía no tiene cura. Al principio se pensaba que era una enfermedad que atacaba principalmente a los homosexuales

(hombres que tienen sexo con otros hombres), pero los estudios muestran que actualmente hay más personas heterosexuales que homosexuales infectadas con VIH/SIDA.

VPH

El virus del papiloma humano (VPH) es la ETS viral más común en los
Estados Unidos. Debido a que hoy se habla tanto del VIH, mucha gente
confunde el VPH con el VIH, pero son diferentes ETS. Existen al menos
setenta tipos de VPH y todos se contagian por contacto genital. En las
clases de educación sexual los maestros a menudo hablan de protegerse
a uno mismo de las ETS utilizando un condón, que está hecho con un
material parecido a la goma y cubre al pene durante el sexo. No obstante, los condones brindan muy poca protección contra el VPH. No hay
cura para esta enfermedad y es la causa principal del cáncer cervical
(o cáncer de cuello del útero) y además puede producir otros tipos de
cáncer. Si una persona se contagia el VPH puede comenzar a desarrollar
verrugas en sus genitales, pero las verrugas también pueden producirse
adentro del cuello uterino de la mujer. Algunas veces el VPH no produce
verrugas, pero aun así, el virus está muy activo en el cuerpo. Nuevamente, ¡otra razón para seguir el Código!

Clamidia

Esta es la más común de las ETS provenientes de una infección bac-
teriológica dentro de los Estados Unidos. Los adolescentes son los que
más contraen esta infección, con unos tres millones de casos por año.
La clamidia puede ser tratada con antibióticos, pero puede hacer que
una mujer quede estéril. Si una persona contrae clamidia más de una
vez, las probabilidades de esterilidad aumentan. Unos de los mayores
problemas con esta ETS es que en muchos hombres y en la mayoría de
las mujeres no presenta síntomas, convirtiéndola en otra «enfermedad
silenciosa» que sigue siendo contagiada porque las personas sexualmente activas tienden a tener más de un compañero durante muchos años.

Herpes 2

¿Esto ya parece una clase de ciencia? La última ETS que te
mencionamos es el herpes 2. Esta enfermedad también ya alcanza
los niveles epidémicos y es muy común en las personas jóvenes
sexualmente activas, en parte porque es contraída a través de *cualquier*
tipo de contacto genital, no solo una relación sexual. Esto puede ser
una sorpresa para los jóvenes que no quieren tener relaciones sexuales
pero sí desean tener contacto genital, porque piensan que así no hay

peligro de embarazo o no contraerán una ETS. No habrá embarazo, pero la mayoría no ha tenido en cuenta una ETS como el herpes 2.

Generalmente, de dos a veintidós días después del contacto sexual con alguien infectado, comienzan a aparecer pequeñas y dolorosas ampollas en los genitales. A veces también produce fiebre. El herpes 2 puede ser especialmente peligroso para las mujeres embarazadas; si la madre sufre la ruptura de las ampollas durante el parto, es muy posible que el recién nacido sea contagiado. De nuevo, tal como en algunas otras ETS, no hay cura conocida para el herpes 2.

Se podría escribir mucho más sobre las ETS, pero ahora es suficiente con dejar bien claro que el sexo no siempre es seguro y que hay consecuencias físicas por romper el Código de la Pureza. Esto no significa que todos los que no sigan el Código quedarán embarazadas o harán que alguien quede embarazada, y tampoco quiere decir que todos contraerán una enfermedad de transmisión sexual, pero creemos que estarás de acuerdo con nosotros en que la actividad sexual cuando no estás casado es un juego de azar para tu salud física.

CONSECUENCIAS EMOCIONALES

La promiscuidad sexual no solo nos afecta físicamente, sino que puede ser más devastadora aun en las emociones de una persona. Sólo pregúntale a un adolescente que le entregó su cuerpo y su alma a alguien pensando que iba a ser especial para siempre y que finalmente fue dejado por esta persona poco tiempo después.

Hemos hablado con más de un millón de jóvenes sobre este tema y a la vez hemos escuchado personalmente miles de historias de corazones rotos. Muy pocas personas tuvieron intenciones de romper el Código de la Pureza, sin embargo, luego una situación se presentó y tomaron una mala decisión. En realidad, en este momento de tu vida debes pensar que algunas de las cosas físicas que describimos te dan un poco de asco. Pero los sentimientos, pensamientos e incluso las acciones cambian cuando entras en la pubertad y comienzas a lidiar realmente con tu sexualidad. Las emociones juegan un papel muy importante en esta etapa de la vida.

Antes mencionamos que muchos jóvenes se vuelven promiscuos sexualmente no porque son chicos «malos», sino porque su involucramiento emocional sobrepasa su nivel de madurez y se encuentran en situaciones comprometedoras. Aquí hay una lista de las emociones que los adolescentes que hablan con nosotros sienten con respecto a sus experiencias sexuales:

* Culpa

* Vergüenza

* Desconfianza

* Falta de respeto

* Rechazo

* Tristeza

* Depresión

* Bronca

* Soledad

* Frustración

* Miedo

* Preocupación

Ahora bien, estas no son el tipo de palabras que escuchas en las películas o que pronuncia la gente que está dentro de un matrimonio seguro y amoroso. Aun así, no te mentiremos diciéndote que la actividad sexual solo te produce sentimientos negativos. También es común una sensación de cercanía, alegría, entusiasmo, valentía y placer. Sin embargo, muchísimos jóvenes que fueron sexualmente activos antes del matrimonio ahora dicen que desearían haber esperado. La mayor parte de ellos no se enfrentó a un embarazo ni contrajo una ETS, pero aun así experimentaron emociones extremas que alteraron sus vidas. Los jóvenes que cayeron en la tentación de romper el Código siempre se replantean si valió la pena.

Hayley DiMarco dice que: «Un veinticinco por ciento de las chicas adolescentes que son sexualmente activas dicen estar depresivas toda o la mayor parte del tiempo».[2] Hayley ha reportado que un estudio de 8.200 adolescentes entre doce y diecisiete años afirma que «aquellos involucrados en relaciones románticas tienen niveles significativamente más altos de depresión que aquellos que no lo están».[3] Créenos, hay algunos chicos muy buenos que han roto el Código y ahora están lamentándose por eso. Esto no significa que no puedan encontrar perdón y paz espiritual a través de su decisión de buscar el amor y el perdón de Dios, pero sí significa que podría haber consecuencias mucho después de que experimenten el perdón.

PARA HACER FUNCIONAR LA CABEZA

1. Haz una lista de las consecuencias físicas del contacto sexual fuera del matrimonio.

2. ¿Cómo crees que las consecuencias emocionales de las malas decisiones con respecto al contacto sexual podrían afectar tu vida?

3. Si tuvieras un amigo en la escuela que te pide un consejo con respecto a involucrarse sexualmente con un novio o una novia, ¿qué consejo le darías? ¿Por qué?

TU
MENTE

CAPÍTULO 5

LA BATALLA DE TU MENTE

Un hombre que viajaba por todo el país a escondidas en trenes de carga, una noche se trepó dentro de lo que él creyó que era un vagón común y cerró la puerta. Pero esta se cerró automáticamente y quedó atrapado en su interior. Cuando sus ojos se acostumbraron a la luz, se dio cuenta que estaba adentro de un vagón refrigerado y rápidamente fue consciente del helado e intenso frío. Gritó pidiendo ayuda y golpeó fuertemente la puerta, pero nadie lo escuchó. Luego de muchas horas de lucha, se acostó en el piso del vagón.

Mientras trataba de pelear contra el frío, escribió un mensaje rayando el piso explicando su desafortunada e inminente muerte. Al día siguiente, algunos hombres que reparaban los trenes abrieron la puerta y encontraron al hombre muerto. Aunque parecía haber muerto congelado, la verdad es que los hombres del ferrocarril justamente habían venido a reparar el vagón refrigerador porque estaba descompuesto. El vagón estaba sin dudas frío, pero no para morir en él. Lo más probable es que la temperatura del vagón nunca fuera inferior a los diez grados centígrados durante la noche, sin embargo, el hombre murió porque *pensó* que iba a morir congelado.

Hoy no existen dudas de que nuestros pensamientos tienen una gran influencia en casi todo lo que ocurre en nuestra vida. La Biblia dice: «*Porque cuales son sus pensamientos íntimos, tal es él*» (Proverbios 23:7, RV1995). El filósofo Ralph Waldo Emerson escribió: «El hombre se transforma en aquello en lo que piensa todo el día».

Con el tiempo verás que tu mente es tu órgano sexual más importante. Y lo que piensas determinará si «ganas» o «pierdes» el Código de la Pureza. Tal como ya mencionamos brevemente en el capítulo 1, si pones basura dentro de tu mente, basura es lo que también saldrá de ella. Si pones cosas buenas en tu mente, cosas buenas saldrán también. La vida es como un eco: recibes nuevamente lo que le das. Si plantas pensamientos e imágenes negativas, ¿qué supones que crecerá dentro de tu mente? Por lo tanto, para vivir según el Código y tener un estilo de vida saludable y positivo, una importante área de tu vida en la que debes trabajar es en seleccionar qué permites que entre en tu mente y qué no.

INFLUENCIAS PODEROSAS

Tu generación, más que ninguna otra anterior, está constantemente expuesta a imágenes negativas para llenar la mente. Si no eres firme con respecto a lo que permites que entre en tu mente o no, nuestra sociedad casi te obligará a ceder. No pienses ni siquiera un momento que eres lo suficientemente fuerte como para enfrentar a la sociedad si vas a dejar que entre cualquier cosa a tu cabeza.

Mientras escribimos este libro, Jim ha estado tratando de ayudar a una estudiante universitaria que fue criada en un hogar cristiano. En la escuela primaria y secundaria ella era líder en su iglesia e inflexible en su búsqueda de la pureza. Pensó que era invencible. Pero desde entonces, se ha alejado de su compromiso de pureza sexual y lucha con la adicción a la pornografía y a la marihuana. Cuando mira hacia atrás para ver qué es lo que pasó, está claro que no fue una sola gran cosa sino un conjunto de pequeñas concesiones a lo largo del camino lo que ayudó a que se desviara de su compromiso. Perdió su disciplina. Bajó la guardia. Coqueteó con la sociedad y finalmente las cosas negativas en su mente tiraron toda su crianza y formación por la borda. Comenzó con una mala elección de amigos y malas elecciones de programas de televisión, películas e incluso revistas. Pensó que la música que escuchaba no la iba a hacer tambalear; les había dicho a su papá y a su mamá que ella no escuchaba las letras de las canciones. Hoy, como estudiante universitaria marginada y adicta, ella ha sido humillada. El «eso no me ocurrirá a mí» no siempre es verdad. Debemos guardar nuestra mente, dejar de prestar atención a las cosas malas y sintonizar las cosas buenas. Se necesita disciplina para mantener tu mente libre de lo malo y repleta de lo bueno. Pablo le dio a Timoteo un excelente consejo: «...*esfuérzate por ser un buen discípulo de Jesucristo*» (Timoteo 4:7, TLA).

* Pornografía

Hablaremos más específicamente sobre la pornografía en el capítulo 8, pero digamos por ahora que es el tema que más lugar ocupa en la mente de muchos jóvenes de esta generación y no es en absoluto una fuerza con la que se pueda jugar. ¿Sabes que cada año se gastan en Estados Unidos más de doce mil millones de dólares en pornografía? Más de la mitad de los adolescentes estadounidenses tienen al menos algún tipo de exposición a la pornografía una vez al mes. No hay dudas de por qué tanta gente tiene una lucha tan grande con su sexualidad.

Si eres tentado a mirar pornografía, incluso si piensas que es por simple curiosidad, no lo hagas. Cuando llenas tu cabeza de basura, la tendencia natural es querer ir un paso más allá y actuar de acuerdo a lo que has visto. Hemos conocido gente que es adicta a la pornografía y que definitivamente es mejor tenerla alejada porque han dado paso en su vida a un montón de otra basura. Puede comenzar inocentemente, pero desarrollarás hambre de más y más. No hay absolutamente nada que sea positivo en la pornografía. Desearía que pusieran carteleras en todas partes diciendo: *Precaución: La Pornografía es Veneno para tu Mente*.

* Televisión

Nos gusta mirar la televisión cuando hay cosas dignas de verse, pero quizás es hora de pensar en lo que entra en tu casa y en tu mente a través de ella.

Si dejas que tu mente se concentre en demasiada impureza sexual, esto influirá sobre ti. Presta atención a cómo los comerciales de TV pueden afectar tu estilo de vida y hábitos de consumo. Los anunciantes no están invirtiendo millones de dólares solo para entretenerte. Ellos quieren venderte sus productos o ideas. No serás ni un poquito más feliz por tener cierta marca de jeans o por beber la misma marca de refresco que una estrella de cine. Y cuando eres mayor, beber cerveza no te hará más gracioso o sexy solo porque los comerciales lo digan, sino al contrario, facilitará que tengas una panza más sobresaliente...

Si no somos cuidadosos, la TV pronto se convierte en nuestra realidad. El poder del subconsciente y la influencia de la televisión son tan poderosos que podemos olvidar que todo es fantasía y una gran simulación. Hace algunos años más de 250.000 personas le escribieron a un «doctor» que era solo un actor de uno de los programas médicos de la televisión, solicitándole consejos médicos... ¡de veras! Este doctor no era un verdadero doctor; ¡solamente hacía de médico en la TV! ¿Estaba loca toda esa gente? Lo curioso es que eran personas «normales».

Si eres un adicto a la televisión, no creas que tu problema es inocente. La televisión tiene una enorme influencia sobre cualquiera que la mire, no importa qué cantidad de tiempo lo haga.

Ahora bien, ¿qué tal los Reality Shows? El estilo puede parecernos curioso, pero lo cierto es que los realities muchas veces tienen menos de realidad que otros programas no llamados así. NO hay que olvidar que están allí para que la gente consuma un canal y se puedan vender espacios publicitarios, así que todo tiene un solo fin: dinero. Por ende, siempre la realidad se manipula de manera que se puedan vender más productos, y como el sexo y la belleza venden.... Ya sabrás lo que sigue.

Después nos preguntamos de dónde viene la basura que vemos salir de nuestro interior. Lo que me preocupa es que la moral de tu generación se irá cuesta abajo debido a la basura que hay en la televisión y en todos los medios de comunicación. Tengas la edad que tengas, llegó tu hora de aprender a distinguir la diferencia entre lo bueno y lo malo, aún si tus padres no le ven nada de malo a algo que verdaderamente lo es, y así tomar decisiones guiadas por Dios.

* Música

Es fantástico encontrar amigos en la adolescencia que comparten nuestros mismos gustos musicales. Las últimas encuestas nos dicen que un estudiante promedio escucha cuatro horas de música por día, y a nosotros nos parece que la estadística se queda corta si sumamos las horas de sueño de muchos adolescentes que se duermen con los auriculares puestos.

Dado este tipo de estadísticas, sacamos como conclusión que la música juega y jugará un papel importante en tu vida. Aun cuando no te das cuenta, tu mente está grabando *todo* lo que vas poniendo dentro de ella. En el mundo cristiano el tema de la música rock o más recientemente el reggaetón ha si muy controvertido. Algunos que tienen buenas intenciones creen que toda música moderna es música literalmente satánica, pero nosotros creemos que eso es un absoluto error. Otros, con convicciones igualmente fuertes, dicen que no hay problema en escuchar la mayor parte de este tipo de música. Pero nunca escucharás a un cristiano decir que lo que algunos llaman «música pornográfica» es una influencia positiva para tu vida. Este tipo de música contiene palabras relacionadas con el sexo o tienen videos con crudas imágenes sexuales.

Al trabajar con jóvenes y tantos líderes juveniles, muchas veces nos preguntan a ambos cuál es nuestra posición en el debate relacionado a la música, y somos claros en decir que nuestro problema no es con la música sino con las letras, los videos y los estilos de vida de los artistas detrás de esa música. Nos preocupan profundamente las letras de las canciones sutiles (y no tan sutiles) que salen de las bocas de los músicos superestrellas. Tu mente va recogiendo las palabras aun cuando no estás atento a ellas. El poder de la mente es asombroso y no puede ser tomado a la ligera. Hemos visto cientos de personas perder terreno en su relación con Dios debido a que su elección musical no le deja lugar a su fe cristiana. Uno de los escritores del Antiguo Testamento dijo: *«Elijan ustedes mismos a quiénes van a servir»* (Josué 24:15).

Claro que solo porque una canción sea pasada en una radio popular no podemos pensar que sea necesariamente *mala*. Pero nos preocupa que muchos adolescentes que se enfrentan con esa decisión, se apoyan más en el rock que en la Roca de nuestra salvación.

Básicamente tienes tres opciones:

1. No escuchar música

2. Escuchar música constantemente

3. Seleccionar lo que escuchas con un cerebro atento

Obviamente nos imaginamos que eliges la opción 3 y por eso te recomendamos hacerte estas preguntas al seleccionarla:

* ¿Esta canción encaja con el Código de la Pureza?

* ¿Estoy usando mi tiempo sabiamente?

* ¿Qué me está diciendo esta canción que haga?

* ¿Qué es lo que tiene control sobre mí? ¿Puedo dejar de escuchar a este artista cuando quiero o no?

* ¿Quiero darle mi dinero o el de mis padres a esta persona a la que le voy a comprar su canción?

Cuando eres totalmente honesto y estás en la búsqueda de la sabiduría de Dios, estas simples preguntas te ayudarán a hacer elecciones correctas. Te ayudarán a elegir en forma inteligente qué clase de música invitarás y cuál no invitarás a entrar en tu mente.

GANANDO LA BATALLA DE TU MENTE

Nunca debemos subestimar el increíble poder de la música, las películas, la TV, los videos, las revistas y todo lo que hay en el ciberespacio. La gran influencia directa que tienen sobre tu vida es aterradora. El principio de «basura que entra/basura que sale» es el principio más fuerte y más sensato para tratar con los medios de comunicación. Si alimentas tu mente con influencias negativas, lo negativo *saldrá*. Si la alimentas con mensajes positivos, entonces lo positivo ganará. En realidad es bastante simple: lo que entra debe salir. Debido a que tu mente es una parte tan importante de lo que eres y de lo que serás, echemos un vistazo a algunas sugerencias prácticas para mejorar el manejo de tus pensamientos.

Programa tu mente para tener buenos pensamientos

Aquí tienes una frase para memorizar: *Yo genero un cambio en mi vida cuando controlo mis pensamientos.* La gente que vive vidas abundantes está en el proceso de ser el amo de sus pensamientos. Escucha este consejo sensato del apóstol Pablo en relación al manejo de tus pensamientos:

> *Piensen en todo lo verdadero, en todo lo que es digno de respeto, en todo lo recto, en todo lo puro, en todo lo agradable, en todo lo que tiene buena fama. Piensen en toda clase de virtudes, en todo lo que merece alabanza. Sigan practicando lo que les enseñé y las instrucciones que les di, lo que me oyeron decir y lo que me vieron hacer: háganlo así y el Dios de paz estará con ustedes* (Filipenses 4:8-9, DHH).

Fíjate cuál es según Pablo el resultado de pensar en cosas buenas: *paz.* Cuando plantas buenos pensamientos en tu vida, las raíces crecen profundamente. Cuando la semilla de los buenos pensamientos comienza a brotar, una de las características positivas que tiene es la paz.

Déjanos sugerirte algunas formas de prepararte para tener buenos pensamientos: lee y memoriza la Biblia, rodéate de amigos que te hagan crecer, escucha buena música y lee libros que te inspiren a tener buenos pensamientos. En tu tiempo de oración, no te apures. Tómate tu tiempo para orar y para pensar. Recuerda: «... *cuales son sus pensamientos íntimos, tal es él*».

Si realmente deseas programar tu mente con cosas buenas, encuentra un método devocional que funcione para ti. Todos los grandes hombres y mujeres de Dios tienen una característica en común que sobresale por encima de todas las demás: todos tuvieron diariamente un tiempo tranquilo con Dios. Si quieres tener buenos pensamientos y mantener tu mente enfocada en Dios, debes renovar tu mente constantemente con cosas buenas. Hay dos versículos de la Biblia que han sido especialmente de ayuda para mí:

¡Tú guardarás en perfecta paz a todos los que confían en ti; a todos los que concentran en ti sus pensamientos! (Isaías 26:3 NTV)

Recita siempre el libro de la ley y medita en él de día y de noche; cumple con cuidado todo lo que en él está escrito. Así prosperarás y tendrás éxito. (Josué 1:8)

Dios promete que si concentramos nuestra mente en Él, tendremos paz, prosperidad y éxito. Nuestro esfuerzo para tener disciplina y para enfocar nuestra mente en Dios, valdrá la pena.

Lo que realmente estamos buscando es tener una mente renovada. El apóstol Pablo nos desafía a todos nosotros diciendo: «*No se amolden al mundo actual, sino* sean transformados mediante la renovación de su mente. *Así podrán comprobar cuál es la voluntad de Dios, buena, agradable y perfecta*» (Romanos 12:2, énfasis mío).

Shannon Elthridge, a quien ya mencionamos, te desafía a realizar lo que ella llama «la dieta del hambre». Esta dieta no tiene que ver con la comida sino con hacerle pasar hambre a tu mente, no alimentándola de imágenes que pueden debilitarla poniendo en riesgo tu integridad sexual. Te desafía a no mirar las telenovelas o talk shows que se burlan del plan de Dios para el sexo, y te desafía a mantenerte alejado de MTV o cualquier otro canal con videos eróticos y reality shows llenos de desorden sexual. Te desafía a no leer novelas de romances cargados de sexo y a no leer revistas para adolescentes que ponen imágenes impuras en tu mente. Básicamente, a no permitir que ninguna forma de pornografía entre en tu mente. Shannon te invita a realizar un desafío de 30 días para resistir a los mensajes sexuales del mundo y ver si esto ayuda a poner en práctica el Código de la Pureza.[1] Nosotros te hacemos el mismo desafío.

Ahora pon esta frase dentro de tu cabeza: «*A todo puedo hacerle frente, gracias a Cristo que me fortalece*» (Filipenses 4:13, DHH).

PARA HACER FUNCIONAR LA CABEZA

1. ¿De qué manera has visto que la gente pone cosas malas en su mente?

2. ¿En qué forma crees que las malas elecciones en lo que la gente mira, escucha o lee puede afectar su calidad de vida?

3. En este capítulo se menciona el principio de «hacerle pasar hambre a tu mente» no alimentándola de cosas malas. ¿Qué significa esto en forma práctica?

CAPÍTULO 6

CÓMO RELACIONARTE CON EL SEXO OPUESTO

Algunos de nuestros amigos de la adolescencia no hubieran podido creer nunca que nosotros alguna vez escribiríamos acerca de las relaciones con el sexo opuesto. Jim era el chico que en su primera cita se tiró encima de la camisa un plato entero de espaguetis y Lucas el que cuando en un juego pudo elegir a la chica que le gustaba eligió a la más fea por temor al rechazo.

Hoy sabemos que las citas y las relaciones con el sexo opuesto son factores importantes a la hora de poner en práctica el Código de la Pureza, y sabemos que la manera en la que te relacionas con el sexo opuesto y en la que te desenvuelves en tus citas, determinará el éxito en las relaciones y dice mucho además sobre tu compromiso cristiano.

Quizás estés pensando: «*Pero yo todavía no salgo con nadie*». Eso depende de lo que consideras que es una cita. Es cierto, mucha gente piensa que una cita tiene que ser romántica y cara. Pero en realidad las citas ocurren cada vez que te estás relacionando con el sexo opuesto. Ir en el automóvil de tus padres junto a dos chicos y tres chicas podría considerarse como una clase de cita porque se están relacionando chicos con chicas. Volver de la escuela caminando juntos es una cita. Es cierto, no hay rosas ni una cena a la luz de las velas, pero tú estás con alguien del sexo opuesto y hay interacción, y eso es parte del proceso de una cita. Creo que nuestra cultura te ha puesto demasiada presión para que tengas citas románticas cuando en realidad hay muchos otros tipos de citas además de los encuentros románticos.

RESPETO TOTAL

Muchas personas que dicen ser cristianos no tienen ni idea de que hay una mejor manera de relacionarse con el sexo opuesto que la que el mundo nos muestra. Este camino mejor es lo que llamamos un *respeto total*. Esto significa que somos llamados a tratar a las personas del sexo opuesto con una clase especial de respeto porque Cristo vive en ellas. Esta debe ser una de las lecciones más importantes relacionadas con poner en práctica el Código de la Pureza. Realmente hay una gran diferencia entre la filosofía del mundo acerca de las citas y lo que dice la sabiduría de Dios. El apóstol Pablo resumió la actitud cristiana cuando dijo: «*No hagan nada por egoísmo o vanidad; más bien, con humildad consideren a los demás como superiores a ustedes mismos. Cada uno debe velar no sólo por sus propios intereses sino también por los intereses de los demás. La actitud de ustedes debe ser como la de Cristo Jesús*» (Filipenses 2:3-5). Tu tarea es considerar los intereses de otra persona incluso por encima de los tuyos.

Aunque te sorprenda, te lo ponemos así: David y Daniela son cristianos y se gustan. David no está saliendo solo con Daniela, una chica muy linda que tiene una hermosa sonrisa y una personalidad encantadora. David está saliendo con Jesús, que vive dentro de Daniela. David también es una persona muy especial. Es amable, apuesto (aunque no tanto como nosotros), inteligente y muy buen jugador de fútbol. Pero hay algo más. David tiene a Jesucristo viviendo dentro suyo por el poder del Espíritu Santo. Esto significa que Daniela, en un sentido espiritual, está teniendo citas con Jesús, que vive dentro de David. En pocas palabras, *tienes que tratar a quien tiene una cita contigo sabiendo que Jesús vive dentro de él o de ella*. Somos llamados a respetar totalmente a los hijos de Dios. Y si amas a alguien quieres lo mejor de lo mejor para esa persona.

Pensar y comportarse de este modo no es solo para la gente de tu edad: también es para la gente mayor como nosotros (más Jim que Lucas por cierto...). Cuando estamos cerca de una mujer podemos tratarla como a una hermana o como a un objeto sexual. El código de la Pureza dice que debemos guardar nuestros corazones, mentes, cuerpos y ojos de lo malo y quitar la mirada de ellos y ponerla en Dios. Decidir seguir el camino del respeto total es una excelente disciplina y mantendrá tu vida libre de problemas en las muchas relaciones que tendrás con el sexo opuesto.

Es una buena idea comenzar ahora mismo y a medida que te acerques más a las citas, el respeto total se te volverá un hábito.

Advertencia: las citas exclusivas pueden ser arriesgadas para tu vida amorosa

Es importante aprender de dos clases de citas: las *exclusivas* y las *inclusivas*. Exclusivas significa que están ustedes dos solos. Es estable y serio. Inclusivas quiere decir que te estás relacionando con muchos amigos del sexo opuesto. Una cita inclusiva es cinco chicas y cuatro chicos que van juntos al centro comercial o tres chicos y dos chicas que se encuentran en la casa de alguien a comer pizza y a mirar una película. La mayoría de nosotros hemos malentendido lo que son las citas. Creemos que siempre tienen que ser solo de a dos y no es así.

Conocimos a una pareja joven a los que les pondremos el apodo de «los pegados». Dondequiera que iban, iban juntos. Raramente veías a uno sin el otro. Cuando finalmente rompieron su relación, ninguno de los dos tenía buenos amigos porque habían invertido todo su tiempo y energía el uno con el otro. Te daremos un buen consejo: Aun cuando tengas novio o novia estable, no excluyas a otras amistades. La señal de que una relación es buena es que no necesitas desesperadamente a la otra persona para ser feliz.

Muchísimos adolescentes comienzan a tener relaciones exclusivas demasiado temprano. El problema es que cuando tienes citas exclusivas siendo muy chico, tendrás más posibilidades de romper el Código de la Pureza.

Las citas serán un factor decisivo en cómo cumples tu compromiso cristiano. Como ya dijimos, muéstrame con quién estás teniendo citas y cómo lo estás haciendo, y te diré cómo es tu compromiso cristiano.

Y ahora viene la pregunta con la que nos haríamos ricos si cobráramos un dólar cada vez que nos la hacen: «¿Cuál es tu opinión con respecto a tener citas con personas que no son cristianas?» Esta pregunta es más importante de lo que crees. Antes que nada, dejemos algo bien claro: Cuando miramos la vida de Jesús, vemos que sin duda Él pasó tiempo con personas no creyentes. Debemos ser sociables con los no cristianos y tener muchos amigos que no son cristianos para hablarles de Cristo, pero eso no es lo mismo que tener una cita exclusiva y menos es sinónimo de ponernos de novios o casarnos con ellos. ¿Por qué? Nunca es inteligente hacer un pacto tan íntimo con personas que no tienen tus mismos valores o tus mismos sueños. Tan simple como eso.

La Biblia es clara cuando dice que los creyentes no deben casarse con no creyentes. *«No se unan ustedes en un mismo yugo con los que no creen»* (2 Corintios 6:14, DHH). No dice nada con respecto a las citas, pero tener citas con alguien es una práctica para un posible matrimonio.

Si eres cristiano y Jesús es el Señor de tu vida, habrá un conflicto de intereses con alguien que tiene un diferente señor en su vida. Recuerda, es tan fácil enamorarse de un no creyente como de un creyente y es igual de fácil caer en tentación con uno o con otro, pero la diferencia está en poder compartir lo que es importante para ti.

¿Amor o enamoramiento?

Aquí hay un hecho importante: Las personas promedio se enamoran al menos cinco veces entre los trece y los diecinueve años... O sea: puede gustarte mucho una chica o un chico y puedes pensar que es el amor de tu vida... hasta que te guste alguien más... Claro que no nos gusta escuchar esto en nuestra adolescencia, y ambos nos recordamos de enojarnos cuando algún adultosaurio sugirió algo parecido. Nos referimos a que tus padres pueden desestimar tu enamoramiento diciendo que es un «amor de cachorrito», pero el amor de cachorritos ¡es real para los cachorritos!

Lo entendemos. Pero lo real es que hay una gran diferencia entre el enamoramiento adolescente y el amor real.

La diferencia entre amor y enamoramiento es que el amor está basado en decisiones y es a largo plazo, y el enamoramiento está basado en sensaciones y es a corto plazo (hasta que las sensaciones cambian).

Habla Jim: *Un día, Cathy, nuestras hijas y yo estábamos disfrutando el día en la playa. Yo estaba mirando a la gente, como de costumbre. Un grupo de chicas jóvenes cerca de nosotros estaban muy alborozadas por la presencia del bañero. Una de las chicas dijo en voz bastante alta: «¡Está buenísimo! ¡Estoy enamorada, estoy enamorada!» Le pregunté a Cathy qué le parecía el bañero y hasta ella dijo: «La verdad es que es muy atractivo». Cuando el bañero bajó de su torre y caminó hacia el agua, la misma chica dijo: «Me quiero casar con este chico, tengo que conocerlo». Me reí por el hecho de que ella quería casarse con él antes de haberlo siquiera conocido. Quería decirle: «Discúlpame, pero no estás enamorada, lo tuyo es enamoramiento.».*

La historia del bañero puede ser una exageración para ti, pero muchísima gente toma decisiones que le cambian la vida en situaciones casi tan tontas como esta. Confundimos un enamoramiento con el verdadero amor. Aquí hay algunas preguntas que te ayudarán a saber si estás realmente enamorado.

¿Te «gusta» la otra persona? Hay una diferencia entre el amor y el gusto. En muchos matrimonios los esposos se «aman», pero en realidad no se gustan. Esos casos son bastante patéticos. Es posible amar sin que te guste él o ella, pero no te conformes con eso en una relación.

¿Son transparentes el uno con el otro? Una señal de que es un amor verdadero es que pueden compartir sus dudas más profundas y sus sueños más íntimos; incluso pueden no estar de acuerdo en algunas cosas y aun así sentirse aceptados.

¿Son demasiado dependientes el uno del otro? Amor verdadero significa que quieres lo mejor para la otra persona y que no tienes una dependencia enfermiza de ella para ser feliz.

¿Tu amor está centrado en ti mismo (o en ustedes mismos)? Si en tu relación a menudo surge la pregunta: «¿Y qué hay para mí?», entonces el amor es egoísta y no es verdadero amor.

¿Su amor por Jesús es tan maduro como el amor que sienten el uno por el otro? El amor que está sujeto al amor de Dios es la clase de amor más fuerte. Si no puedes responder a esta pregunta con un «sí», creo que tu relación es un juego de azar.

¿Esta relación te hace feliz? Conozco a varios adolescentes que se mantienen en una relación aunque esta los hace bastante infelices. Su baja autoestima los hace aguantar. Tengo una palabra para ellos: *¡tontos!*

¿Son exageradamente abiertos el uno con el otro? Muchas parejas jóvenes comparten cosas muy íntimas y personales demasiado pronto. Esto obliga a la pareja a estar excesivamente cerca emocionalmente, y con el tiempo esto los llevará a estar cerca sexualmente y tal vez a desarrollar un vicio con la otra persona que nada tiene que ver con amor.

¿Están tú y tu amigo o amiga especial comprometidos con el Código de la Pureza? Si la respuesta es no, entonces pongo en duda la integridad de la relación.

El amor según 1 Corintios 13

Aquí tienes una gran definición de amor. El amor:

* es paciente
* es bondadoso
* no es envidioso
* no es jactancioso
* no es orgulloso
* no se comporta con rudeza
* no es egoísta
* no se enoja fácilmente
* no guarda rencor
* no se deleita en la maldad
* se regocija con la verdad

Nadie tiene un amor perfecto, solo Dios. Pero esto puede ser un excelente parámetro para medir tu relación de amor. Mira esta lista y piensa en alguien a quien ames o que te ame a ti. Ahora escribe «casi nunca», «a veces» o «casi siempre» al lado de las palabras que describen tu relación. Es un buen ejercicio para ver cómo está funcionando realmente.

Ahora bien, déjanos enfatizar por qué lo que decimos en este capítulo es tan importante para tu compromiso con el Código de la Pureza: la manera en la que comiences a ver al sexo opuesto jugará un papel principal en cómo te manejes en tus relaciones. Las personas que practican el respeto total tienen pocas cosas de qué arrepentirse, mientras que quienes no siguen el compromiso del respeto total tiene muchas dificultades para vivir según el Código de la pureza y aun... para ser feliz.

Susana, por ejemplo, se comprometió a seguir el Código de la Pureza, pero nunca puso en práctica realmente el concepto de respeto total. Cuando tenía doce años se comprometió a mantenerse pura sexualmente de manera pública, lo cual puso eufóricos a sus padres. Era una chica activa en la escuela, en el grupo de jóvenes de su iglesia y una de las personas más populares. La mayoría de sus amigos no estaban comprometidos con el Código. Poco a poco, Susana puso en riesgo su mente, su cuerpo, sus ojos y su corazón. Unos años más tarde, los chicos comenzaron a fijarse en ella, y eso le gustó.

Cuando tenía diecisiete años ya había puesto tan en peligro su visión del respeto total, que comenzó a tener relaciones sexuales con un chico que era lindo y popular, pero que en realidad solo quería una cosa: sexo. Ella entregó su cuerpo como un acto de amor y él lo aceptó gustoso como un acto de lujuria. Susana contrajo una enfermedad de transmisión sexual para toda su vida y él pronto la abandonó. Hoy Susana está casada y toma medicamentos para su ETS. También da charlas para adolescentes y los desafía a no entregar su cuerpo a nadie fuera del matrimonio. ¿Por qué? Ella sabe de primera mano las consecuencias físicas y emocionales que trae no comprometerse con el respeto total.

PARA HACER FUNCIONAR LA CABEZA

1. ¿Por qué el respeto total hacia el sexo opuesto requiere disciplina y coraje?

2. ¿En qué forma tener citas no convenientes puede arruinar tu futuro y tus futuras relaciones más serias?

3. Lee 1 Corintios 13:4-9. ¿Cómo esta lista parece ser un muy buen parámetro para relacionarse con el sexo opuesto?

CAPÍTULO 7

LA PODEROSA INFLUENCIA
DE LOS AMIGOS

Los amigos que elijas juegan un papel muy importante en la determinación de la persona que eres y que serás. Dicho sin vueltas: *Terminarás siendo como las personas con las que pasas más tiempo.* Esto significa que cualquier persona tendrá dificultades en vivir según el Código de la Pureza si tiene un mal grupo de amigos. Alguien dijo alguna vez: «Lo que toleras en un amigo, con el tiempo empezarás a imitar». Esta idea nos recuerda un proverbio fantástico: *«El que con sabios anda, sabio se vuelve; el que con necios se junta, saldrá mal parado»* (Proverbios 13:20). Considerando que este proverbio está relacionado al Código y a otros aspectos de la vida, no puede haber una declaración más verdadera.

¿UNA INFLUENCIA AMIGABLE?

Habla Jim: *Una de mis personas favoritas en mis días de ministerio juvenil era un chico llamado Norman. Norman no había sido bendecido con abundancia de belleza, inteligencia o dinero. Tampoco había tenido una niñez fácil. Su papá había muerto cuando él estaba en la primaria y su madre era maravillosa, pero no estaba mucho en la casa porque trabajaba muchas horas para poder sobrevivir. De ninguna manera Norman podría haber sido calificado de buen mozo. En realidad, Norman era el típico chico «raro».*

Lo que hacía único a Norman era que cambiaba de amigos y de pasatiempo casi tan seguido como algunas personas se cambian de ropa. Lo conocí cuando estaba ingresando a la secundaria, y durante los pocos años que estuve en el ministerio de jóvenes Norman fue:

* surfista
* rockero punk
* entrenador de un equipo de fútbol americano
* corredor de cross-country
* baterista en una banda de rock
* vaquero (y eso es difícil en un lugar de playa como Newport Beach, California)

* miembro de la banda de la secundaria
* miembro del club de teatro
* skater
* delegado del centro de estudiantes
* líder de jóvenes en la iglesia
* bebedor empedernido
* alguien muy involucrado con la pornografía

Norman pasaba rápidamente de un grupo a otro. Nunca se sabía qué iba a hacer al día siguiente. Era como un camaleón (ya sabes, la lagartija que cambia de color según el tono del lugar en donde esté). Cada vez que Norman cambiaba de amigos, se volvía (en esencia) una persona diferente. Sus nuevos «amigos» tenían una gran influencia sobre él. Como puedes imaginar, esta influencia no era siempre positiva.

Norman tenía una mala imagen de sí mismo. Un día me confesó: «Lo que pasa es que no me gusta el Norman real, entonces estoy tratando de ser alguien a quien yo pueda respetar. Creo que si fuera aceptado por un grupo de personas a quienes les cayera bien, yo estaría mejor». Esa fue una declaración muy profunda para un chico como Norman. A su manera, estaba tratando de entender que debido a que no se gustaba a sí mismo, estaba tratando de ser otra persona. También estaba comenzando a entender la importante verdad de que las personas con las que pasas mucho tiempo, tienen una gran influencia en lo que te convertirás. Volveremos con Norman más adelante en este capítulo.

ELIGE A TUS AMIGOS SABIAMENTE

Algunas personas nunca piensan realmente en la fuerte influencia que sus amigos tienen en sus vidas. Debido a que los amigos pueden hacer tal diferencia, es extremadamente importante elegir a tus amigos de manera sabia. Hagamos un inventario de amistades:

1. ¿Tus amigos te hacen mejor o te tiran hacia abajo?

2. ¿Qué te gusta y qué no te gusta de tus amistades?

3. ¿Qué podrías hacer para estar seguro de que tienes buenos amigos?

4. ¿Tienes amigos que te ayudarán a cumplir el Código de la Pureza o que te llevarán lejos de él?

Es cierto, esta clase de decisiones es difícil. Y si tu necesidad de amor y aceptación por parte de otros es desproporcionada debido a una baja autoestima, será aun más duro. También es cierto que las decisiones que tomas hoy te afectarán por el resto de tu vida. Por favor, nunca subestimes la influencia de tus amigos. Elígelos sabiamente. Te influenciarán para siempre y sin duda alguna también influirán en tus elecciones relacionadas con el Código de la Pureza.

LA PRESIÓN DE LOS PARES

Todos tenemos una necesidad increíblemente fuerte de ser amados y aceptados por nuestros amigos y familiares. De hecho, esta necesidad es tan fuerte que haremos casi cualquier cosa para ser aceptados por nuestros pares (la gente de tu edad). La presión de los pares estará presente detrás de las luchas más difíciles que tengas en tu vida.

¿Cuál es el poder que hace que Vivi, una chica de dieciséis años, tenga sexo cuando esto va en contra de la manera en la que fue criada? ¿Cuál es la fuerza que lleva a Raúl, de catorce años, a tomarse un pack de seis cervezas con algunos «amigos», robar el automóvil de su familia y salir a dar una vuelta? A él no le gustaba el alcohol; se asustaba de solo pensar que podían descubrirlo si sacaba el automóvil y ni siquiera le caían bien los chicos con los que estaba bebiendo. ¿Qué poder, qué presión hace que la gente haga cosas que realmente no quiere hacer? La presión de los pares.

Alejandra comenzó a ir a una nueva escuela. Deseaba ser parte del grupo más popular, pero no lo era. No se gustaba a sí misma. Cuando comenzó a compararse con las demás, perdió. Comenzó a salir y a pasar tiempo con un grupo algo más «salvaje» de lo que estaba acostumbrada y fue a una de sus fiestas. Alejandra se emborrachó, pero no se dio cuenta de lo ebria que estaba. Luego de algunos tragos más, ya no estaba en control de sus emociones ni de sus decisiones. Un chico que realmente le gustaba se acercó y comenzó a coquetear con ella. Comenzaron a besarse y él la convenció de ir a uno de los dormitorios. Alejandra deseaba tanto gustarle a este chico que le permitió tener sexo con ella. Fue su primera vez y quedó embarazada.

Javier quería ser aceptado por un grupo de amigos del vecindario que eran unos años más grandes. No quería ser conocido como el chico cristiano «santito.» Bebió demasiado, tomó el automóvil de sus padres y con sus «amigos» salió a dar una vuelta y chocaron en el centro de la ciudad. Afortunadamente, pese a que el automóvil se destruyó totalmente, ninguno salió gravemente herido. Esta vez tuvieron suerte.

No te equivoques: la presión de los pares es extremadamente poderosa. La presión de pertenecer y ser aceptado te obligará a tomar algunas malas decisiones.

El apóstol Pablo resumió algunos de sus sentimientos más profundos con estas palabras:

La verdad es que no entiendo nada de lo que hago, pues en vez de hacer lo bueno que quiero hacer, hago lo malo que no quiero hacer. Pero, aunque hago lo que no quiero hacer, reconozco que la ley es buena. Así que no soy yo quien hace lo malo, sino el pecado que está dentro de mí. Yo sé que mis deseos egoístas no me permiten hacer lo bueno, pues aunque quiero hacerlo, no puedo hacerlo. En vez de lo bueno que quiero hacer, hago lo malo que no quiero hacer. Pero si hago lo que no quiero hacer, en realidad no soy yo quien lo hace, sino el pecado que está dentro de mí.

Me doy cuenta entonces de que, aunque quiero hacer lo bueno, sólo puedo hacer lo malo. En lo más profundo de mi corazón amo la ley de Dios. Pero también me sucede otra cosa: hay algo dentro de mí que lucha contra lo que creo que es bueno. Trato de obedecer la ley de Dios, pero me siento como en una cárcel, donde lo único que puedo hacer es pecar. Sinceramente, deseo obedecer la ley de Dios, pero no puedo dejar de pecar porque mi cuerpo es débil para obedecerla. ¡Pobre de mí! ¿Quién me librará de este cuerpo que me hace pecar y me separa de Dios? ¡Le doy gracias a Dios, porque sé que Jesucristo me ha librado! (Romanos 7:15-25, TLA).

La batalla en contra de la presión de los pares es algo con lo que lucharás toda tu vida. Nunca será fácil vencer el impulso de poner en peligro tus verdaderos valores para ser aceptado por un cierto grupo. Los adultos pelean todos los días con la presión de sus pares. Desafortunadamente, no es algo de lo que te librarás cuando seas mayor. No obstante, cuando descubres que tu autoestima tiene su raíz en el amor de Dios, puedes ganar esa batalla. El hecho de que tengas que enfrentar la presión de tus pares por el resto de tu vida no significa que no puedas ganar esta batalla. La influencia negativa de los pares es un enemigo que puedes (y debes) vencer.

Te diremos algo que quizás no quieras escuchar, pero es la verdad: si tus amigos más cercanos se drogan, hay muchísimas probabilidades de que te drogues también. Si tus amigos son sexualmente promiscuos, con el tiempo irás en esa dirección. Si tus amigos miran pornografía en Internet, tarde o temprano terminarás viendo pornografía. Todos nos volvemos parecidos a las personas con las que estamos, porque ellas nos influencian.

Un chico de catorce años una vez le preguntó a uno de nosotros: «Al fin y al cabo, ¿por qué es tan importante este tema de mis amigos?» «Dímelo tú», le contestamos. Luego de pensar un momento, tomó un papel y escribió lo siguiente:

Mis amigos me influencian en:

* lo que pienso de mí mismo

* qué lenguaje uso

* lo que pienso de mis padres

* la ropa que me pongo

* lo que está de moda y lo que no lo está

* lo que pienso de mis maestros

* cómo actúo

* a qué fiestas voy

* si estudiar es importante o no

* si bebo o fumo o no

* qué está bien y qué está mal

* si tengo espíritu de equipo o no

* si debo seguir yendo a la iglesia o no

* cómo debo gastar mi dinero

* qué quiero hacer cuando termine la secundaria

Cuando terminó de leer esta lista no quedó más que agregar: «Tú te contestaste tu propia pregunta».

Entonces, seamos específicos: ¿Tus amigos hacen que seas cada vez mejor y te ayudan a poner en práctica el Código de la Pureza, o en realidad te están llevando en la dirección equivocada? Solo tú puedes responder esta pregunta con honestidad, en lo más profundo de tu corazón. Pero no subestimes la influencia de tus amigos y la presión de tus pares.

HAZ DE LAS AMISTADES POSITIVAS Y SANAS UNA PRIORIDAD EN TU VIDA

La amistad es un regalo de Dios que tiene un valor incalculable. Pocas cosas en la vida son tan importantes y maravillosas como una verdadera amistad. Un buen amigo es un tesoro. Tener amistades positivas y sanas, ¿es una prioridad en tu vida? Piensa en tres personas a quienes consideres verdaderos amigos. Ahora piensa por qué los consideras verdaderos amigos. Seguro que hay varias razones por las que piensas que son especiales. ¿Cuáles son esas razones?

Aquí tienes una fórmula simple pero importante. Si quieres tener buenos amigos, entonces tú debes ser un buen amigo. Veamos cuáles son las cualidades de un verdadero amigo:

1. *Se preocupa por sus amigos y está disponible.* Nada es más importante que el regalo de tu tiempo y de una preocupación genuina.

2. *Es alentador.* Cuando apoyas a tus amigos, estás ayudando a construir su autoestima *mostrándoles* que son importantes y que crees en ellos.

3. *Está dispuesto a sacrificarse.* Un verdadero amigo camina la milla extra y se hace cargo de las cosas aun cuando no le convenga.

4. *Es paciente.* Nadie es perfecto, pero un buen amigo perdura aun en momentos difíciles.

5. *Es un buen escuchador.* Escuchar es el lenguaje del amor.

6. *Es leal.* La Biblia dice: *«El que ama es capaz de aguantarlo todo, de creerlo todo, de esperarlo todo, de soportarlo todo»* (1 Corintios 13:7, TLA).

7. *Es sincero.* Decir la verdad a veces significa decir las cosas «como son», aunque duela.

Ahora, mirando esta lista y pensando en tus amigos, ¿están a la altura de esta descripción de amistad? ¿Lo estás tú? Si necesitas trabajar en una o más de estas áreas, no hay mejor momento para comenzar que ahora mismo.

LOS AMIGOS CRISTIANOS GENERALMENTE TE ANIMARÁN A ESTAR CERCA DE DIOS

Habla Jim: *Prometí que volvería a la historia de Norman, mi amigo «raro». Unos años más adelante, cuando ya estaba en los últimos años de secundaria, Norman comenzó a comprometerse más seriamente con el cristianismo y con el grupo de jóvenes de la iglesia. En el ministerio de jóvenes de la iglesia encontró un grupo de gente que venía de diferentes sectores de la escuela, pero parecían llevarse muy bien en la iglesia. Encontró amigos en la iglesia que en realidad lo querían por lo que él era. No querían cambiarlo para que fuera otra persona. A medida que Norman se sintió más cómodo con estos nuevos amigos cristianos, comenzó a abrir su corazón y a contar sus heridas y errores. Ellos lo aceptaron y él se sintió amado. Norman llegó a entender el amor de Dios a través del amor incondicional de sus amigos.*

A Norman le llevó un largo tiempo creer que realmente pertenecía. Pero estaba construyendo su identidad enraizada en el amor de Cristo y en la aceptación de buenos amigos. Estos amigos lo alentaron a vivir de acuerdo al Código de la Pureza. Sus amigos cristianos le demostraron que Dios era real y esa realidad le cambió la vida. Hoy en día, Norman va camino a convertirse en uno de los ministros juveniles más exitosos del mundo. Seguro que hay una influencia negativa de los pares, pero no subestimes su influencia positiva. Las amistades positivas te ayudarán a convertirte en todo lo que Dios quiere que seas. Ve por ello.

PARA HACER FUNCIONAR LA CABEZA

1. ¿Cómo puede la presión de los pares hacer que una persona rompa su moral y sus valores?

2. La influencia positiva de los pares es tan poderosa como la influencia negativa de ellos. ¿Cómo pueden los amigos ayudarte a seguir el Código de la Pureza?

3. ¿Cuánto te esfuerzas en querer agradar a tus amigos? ¿Por qué?

TUS OJOS

CAPÍTULO 8

LA PORNOGRAFÍA Y LOS PELIGROS DE LOS OJOS

Martín tenía once años cuando entró a Internet para averiguar por unos guantes de beisbol, pero al escribir la dirección no encontró el sitio de la tienda de deportes que buscaba, sino un sitio pornográfico. Por un rato Martín miró con curiosidad, aunque pronto se comenzó a sentir sucio y culpable. Así y todo, fue arrastrado por esas fotos obscenas y durante el siguiente año y medio pasó tiempo todos los días mirando imágenes pornográficas. Su hambre por videos y fotos aún más groseras creció, y sin que pasara mucho tiempo ya era un adicto a poderosas imágenes pornográficas, a esa tierna edad, que lo llevaron a comenzar a tratar a las chicas con el continuo anhelo de verlas desnudas.

Martín no era un mal chico. Él nunca tuvo la intención de seguir mirando pornografía; simplemente no pudo manejar el dominio que la pornografía comenzó a ejercer sobre su vida. Afortunadamente para Martín, sus padres finalmente se dieron cuenta de lo que estaba pasando, y juntos buscaron la ayuda necesaria para reprogramar su mente y su vida. Hoy, Martín es libre, pero tiene que trabajar diariamente sobre ello. Él te diría que nunca empieces a caminar por ese camino resbaladizo que le trajo tanta confusión, vergüenza y tristeza. No valió la pena.

Cuando se trata del cuerpo humano y de la sexualidad, todos somos curiosos. Honestamente, la curiosidad es algo bueno y normal. Pero una decisión deficiente puede hacer que un chico inocente termine en una obsesión destructiva afectando el resto de su vida con consecuencias negativas.

TU MENTE TOMA UNA FOTOGRAFÍA

Los chicos son más propensos a mirar pornografía que las chicas, pero en el mundo de hoy todos somos susceptibles y la mayoría de las personas mirará pornografía al menos tropezando accidentalmente con ella en Internet.

Cuando miras una foto o película pornográfica, tu mente toma una fotografía y la almacena dentro de tu cerebro por el resto de tu vida.

Cuanta más pornografía veas, más fotos almacenadas habrá en tu mente (y ni pienses por un momento que eso no te va a afectar).

Cuando nosotros éramos adolescentes la pornografía era bastante difícil de encontrar. No había Internet (y no, no somos del tiempo de las cavernas), solo había canales de aire con un horario de restricción al menor y la revista más salvaje conocida en nuestro medio era la Playboy (hoy calificada de soft porn por ser demasiado «inocente»...), sin embargo, ya era una tentación.

Si una persona no se compromete temprano en la vida con el Código de la Pureza, sabemos que luego le será mucho más difícil batallar con ella. Ambos hemos tenido la experiencia de hablarle a miles de adolescentes en algún gran estadio, plaza de toros o congreso, y sabemos bien del impacto que tiene el ver a miles de adolescentes haciendo un compromiso con el Código de la Pureza. Lo hemos compartido muchas veces aclarando que el Código es mucho más que no tener relaciones sexuales antes del matrimonio. Es comprometerse con la pureza sexual, punto. Esto incluye a la pornografía, y ha sido una experiencia inolvidable ver a jóvenes haciendo el compromiso.

Jim cuenta que en cierta ocasión, volviendo al hotel luego de uno de estos eventos, se puso a hacer zapping en la TV mientras se preparaba para la ducha, cuando al pasar por el canal HBO se encontró con un desnudo total con imágenes asombrosamente groseras. Al notar esto pensó en todos aquellos alumnos de secundaria que también estaban en sus habitaciones de hotel por toda la ciudad a la vuelta del evento y probablemente aún despiertos mirando TV y se preguntó cuántos de ellos habían visto esa programación de HBO mostrando sexo explícito.

Habla Jim:- *Al día siguiente realicé dos talleres con cuatro mil estudiantes en cada uno. Como estaba hablando acerca de la sexualidad sana, fue muy natural para mí preguntarles cuántos de ellos habían visto HBO la noche anterior. Me sentí por el piso cuando vi la mitad de las manos levantadas, y realmente dudé de que ellos hubieran cambiado de canal tan rápido como yo lo hice. El poder del compromiso con la pureza que habían hecho la noche anterior fue puesto en peligro tan solo unas pocas horas después.*

EL PROGRESO DE LA ADICCIÓN A LA PORNOGRAFÍA

Nadie piensa que un determinado comportamiento en el que se está metiendo le causará una adicción. La adicción a la pornografía no es diferente en ese sentido. De hecho, muchos expertos dicen que el poder de la pornografía es muy similar al ocasionado por el crack de cocaína u otras drogas que tienen la capacidad de enganchar a las personas desde las primeras veces. La adicción a la pornografía comienza a menudo con una curiosidad casual e inocente. Un joven puede revisar los trajes de baño en *Sport Illustrated*, o el catálogo de ropa interior de *Victoria's Secret* o *Leonisa*, o cualquier otra marca. Quizás un amigo envía un link con un sitio web de una famosa estrella de cine muy escasamente vestida. Pero la adicción escala hacia querer ver desnudos totales porque el otro material se vuelve aburrido, y entonces querrás ver actos sexuales, y con el tiempo más y más fuertes. Lo verdaderamente natural en una adicción es que esta vaya creciendo. Los expertos dicen que hay cinco pasos hacia la adicción a la pornografía.

1. Mirar pornografía

Muchos jóvenes vieron sus primeras imágenes pornográficas en Internet por casualidad, como Martín. Para muchas chicas, la primera exposición a imágenes pornográficas (reales o imaginarias) ocurrió mientras miraban un video de una estrella de cine con poca o nada de ropa, o quizás mientras leían algo inesperado en una revista como *Cosmopolitan*. Para muchos, el primer contacto con la pornografía fue con un amigo en la casa de alguna otra persona, por ejemplo, mientras cuidaban bebés en el caso de las chicas.

Desafortunadamente, te vas a encontrar con la pornografía. Por eso, la decisión de pureza que tienes que tomar es la siguiente: ¿Qué vas a hacer con eso? ¿Vas a retirar tus ojos? ¿Vas a quedarte ahí dejando que tus ojos tomen una foto detallada? ¿O vas a caer en la tentación de permitir que tus ojos, mente y corazón se detengan en la pornografía con la esperanza de que eso no te cambie en nada? Lo que hagas con lo que ves determinará lo que pase después. Si vives según el Código, la pornografía te molestará, pero serás libre de seguir adelante. Si no vives según el Código, fácilmente serás arrastrado hacia la pornografía y encontrarás resultados devastadores a lo largo del camino.

2. Adicción

Quizás la adicción de más rápido crecimiento en el mundo sea justamente a la pornografía. Es atractivo y estimulante. De repente te encuentras a ti mismo volviendo por más. Comienza a apoderarse de tu vida. Las experiencias más sanas empiezan como a apagarse lentamente. Necesitas el «alto voltaje» de mirar pornografía, por eso acomodas tu agenda en torno a eso. Es probable que en esta fase de adicción sientas vergüenza y culpa, y hasta incluso puedes llegar a intentar abandonar, pero estás enganchado a eso y simplemente continúas volviendo por más. Ya estás fuera de control.

A esta altura, necesitas ayuda (rápido). Cuanto más tiempo estés adicto a algo, más duro y más largo será el proceso de liberarte. Conocemos chicos realmente buenos que inocentemente fueron cayendo en una adicción intensa a la pornografía y tuvieron mucha vergüenza de conseguir ayuda. Oraron, lucharon, pero enfrentar a la pornografía fue demasiado para ellos. Finalmente tuvieron que agachar la cabeza, humillarse y ser totalmente honestos en que necesitaban ayuda o simplemente fueron «atrapados» por alguien y por eso lo confesaron. Créenos, hay gente que entiende y tiene ganas de ayudar. Los expertos dicen que normalmente no podrás superar el dominio de la adicción a la pornografía por tus propios medios.

3. Intensificación

Como pasa con la mayoría de las adicciones, las personas con el tiempo necesitan una intensidad mayor o dosis más fuerte. En el caso de los adictos a la pornografía, buscan sitios de Internet con imágenes más duras o también puede ir aumentando la frecuencia. A medida que tu adicción escala y se intensifica, lo mismo pasa con la frecuencia y el tiempo que inviertes en la pornografía. Hay ocasiones en las que te supera de tal forma que se transforma en algo más importante que cualquier otra cosa. Un adicto a la pornografía es como un drogadicto desesperado por una dosis. La tragedia de la intensificación es que ahora la mente se está llenando con imágenes aun más inmorales todavía que tu cerebro almacenará. Una joven nos contó que su primera vez con la pornografía fue cuando una amiga le mostró un sitio de Internet con modelos masculinos realizando actos homosexuales. Ella primero sencillamente se horrorizó, sin embargo, fue rápidamente arrastrada hacia algunos de esos sitios, y entonces muy pronto fue desde las fotos y los videos a vergonzosos chats.

4. Insensibilidad

Hay personas que han visto tantas imágenes pornográficas que ya no les causan excitación alguna. Están desesperados por más emociones y deseosos de ver y hacer cosas que ellos jamás soñaron que harían antes de ser arrastrados.

Habla Lucas: *Hace un tiempo conocí a un joven en Venezuela que me pidió hablar en privado para contarme que él había entrado a esta etapa, pero que lo que más le preocupaba es que se acababa de casar y ahora no podía disfrutar las relaciones sexuales con su esposa sin compararla con las imágenes fantasiosas que tenía en su cabeza. Mientras me hablaba me indicó que su esposa se encontraba a algunos metros hablando con otras chicas y me la señaló para que la viera. De verdad que era una joven muy hermosa, por lo que lo miré con sorpresa. Él continuó diciéndome: «Sí, yo sé que es muy linda y aun así, tengo tanta basura en mi cabeza que ahora que puedo tener sexo sin pecar, no estoy pudiendo hacerlo».*

Si alguien se encuentra en la etapa de la insensibilidad, definitivamente está viendo a las personas como objetos sexuales, y lo que es normal (el sexo entre un hombre y una mujer) puede parecerle demasiado «soft». Los hombres reducen a las mujeres al verlas como objetos sexuales y no como seres creados a la imagen de Dios, a quienes debemos tratar con un respeto total. Tal como lo tratamos en los capítulos 1 y 2, Dios creó nuestra sexualidad, y Él lo vio como algo «muy bueno». La meta es tener una sexualidad que honre a Dios, mientras que si alguien está en la etapa de insensibilidad en su adicción a la pornografía, se encuentra muy lejos de tener una visión sana de la sexualidad. La etapa de la insensibilidad afecta las relaciones de tal manera que llega a arruinarlas.

5. Actos sexuales

Aunque esto podría pasar también en una etapa anterior, los adictos a la pornografía a menudo darán un salto desde la simple observación de fotos y videos hacia fantasear y actuar aquello que han visto.

Habla Jim: *Un invitado a mi programa de radio que era adicto a la pornografía dijo: «Nunca hubiera soñado mientras me entretenía con la pornografía, que un día iba a salir a las calles buscando una prostituta para pagarle y probar cosas que yo pensaba que eran sucias unos meses atrás. Yo perdí mi familia y mi alma por la pornografía».*

Habla Lucas: *Un joven recién salido de la escuela secundaria en Guatemala me contó que tanta pornografía le llevó a decidir que luego de su graduación iba a ir a un club de strippers a buscar una prostituta para* *hacer lo que había visto en mil películas y que así lo hizo. La prostituta lo sacó del lugar y lo llevó a una casa cercana donde lo estaban esperando unos hombres que primero le dieron una paliza y luego lo obligaron a practicarle a uno de esos hombres, lo que había querido que la prostituta le practicara a él.*

Así como la abstinencia completa de drogas y alcohol es la única respuesta para un adicto a esas sustancias, el mejor amigo de alguien ya adicto es hacer un compromiso con el Código y practicar la abstinencia. Como ya dijimos, no va a ser fácil y mucho menos lo va a ser para un adicto, pero con las fuerzas de Dios y la ayuda de gente que en verdad nos ama, entonces todo es posible.

Lo que te debe quedar claro es que ninguna experiencia pasajera, por más tentadora que parezca, vale tanto la pena como para pasarse una vida luchando.

VESTIMENTA COMPROMETEDORA

Otro aspecto para cuidar tus ojos y los de otros es ser cuidadosos con el uso de la ropa.

Les hablamos prioritariamente a las chicas ahora: Los chicos buscan piel. Si se la muestras ellos te estarán escaneando con la mirada. Y claro, alguna podrá pensar: *¿Pero no es eso bueno?* Entendemos que quieras lucirte atractiva a los chicos, pero sería bueno que pienses por un momento en qué les estás provocando a pensar al verte con determinada ropa. Nosotros te preguntamos: «¿Quieres que te miren a ti o quieres que te miren cuán apretado tienes el pantalón? - ¿Quieres que te miren a ti o quieres que te miren la ropa interior? – ¿Quieres que te miren a ti o quieres que estén imaginando tus pechos?»

Puede parecerte un poco extremo que mencionemos el uso de la ropa en un capítulo acerca de la pornografía, pero es bueno que sepas que los hombres somos mucho más visuales que las mujeres y lo que a una chica puede no parecerle provocador sí puede serlo para un varón.

Habla Lucas: *De hecho, alguien atrapado por la pornografía suele imaginarse a otras personas desnudas y la ropa provocativa ayuda a estas personas a convertir a otras en un objeto sexual. A mí me gusta* *jugar al futbol siempre que puedo y eso a veces me acerca más a algunos chicos que cuando me ven solamente como un líder cristiano. Estos ratos de juego facilitan que surjan conversaciones que en otra situación no sucederían alrededor mío. Cuento esto porque en más de una vez en estas conversaciones me he dado cuenta de que a algunos hombres les parecen provocativas cosas que a mí no me parecen. En más de una ocasión he escuchado comentarios acerca de la ropa o el cuerpo de una chica y al mirarla no le encuentro nada provocador, pero se ve que esos chicos sí y eso pasa por lo que están acostumbrados a mirar.*

Hayley Di Marco escribió en su libro «¿Cuán sexy es demasiado sexy?»:

Piénsalo de esta forma. Es realmente grosero pero alguien lo tiene que decir: cuando provocas (o te vistes como alguien que lo hace) cada muchacho que te ve tiene la oportunidad de hacer una película de ti en su mente. (Una película que tendrá la calificación que él desee, como «prohibida para menores de trece años» o hasta incluso «solo para adultos» o XXX). Cuando muestras demasiado de ti misma y los muchachos pícaros te ven, te aseguro que te están llevando a casa en sus mentes. Y no sé a ti, pero a mí no me gustaría ser la estrella protagonista en una noche de fantasía varonil.

LA INTERNET Y LA PORNOGRAFÍA

Lindsay era una buena alumna en la escuela y muy activa tanto en los deportes como en la iglesia. A través de su cuenta de MySpace conoció a un muchacho que vivía en otro estado. En sus conversaciones online, ella mintió diciendo que tenía diecinueve años a pesar de que era más chica. Él también dijo que tenía diecinueve, pero en realidad tenía veintisiete. Al cabo de un tiempo, la relación que tenían fue derivando a conversaciones sexuales y de las redes de amistad pasaron a chats muy gráficos con video. Luego vinieron las llamadas por Skype.

Lindsay pensó que estaba enamorada; nunca había compartido sus sentimientos tan libremente con un chico. Ella decidió sincerarse y decirle su verdadera edad. Él dijo que estaba todo bien porque a él le gustaban las chicas que eran menores que él. De todas formas, él siguió sin decirle a ella que tenía veintisiete. Finalmente decidieron encontrarse. Para resumir la historia, ella agarró su bicicleta y fue a un motel cercano donde se encontraron por primera vez y la excitación del momento derivó en que tuvieron sexo. A ella le encantó la adrenalina de la experiencia y él tomó un vuelo de regreso a su casa.

Lindsay aún obtenía buenas notas, corría maratones y era activa en la iglesia. Al mismo tiempo la relación con el chico de sus sueños continuaba. Hasta que, un día él le avisó que había dejado embarazada a otra chica y que estaba terminando con Lindsay. Ella quedó devastada. Lindsay manejó las cosas como para que esta relación quedara en secreto de todo el mundo, pero pronto su depresión fue tan evidente que su madre la llevó a un consejero y psiquiatra. El psiquiatra le prescribió un antidepresivo. Al final una noche, ella estaba hecha un ovillo envuelta en un gran llanto cuando le contó la historia a su madre. Su madre tiró el cable de la computadora de Lindsay y empezó el proceso de presentar cargos contra el adulto que había abusado de su hija.

Un día la mamá y el papá de Lindsay fueron a la iglesia. Lindsay dijo que no se sentía muy bien. Cuando sus padres volvieron a casa, encontraron a Lindsay muerta. Se había suicidado.

GUARDANDO EL CÓDIGO DE LA PUREZA

Sabemos que la historia de Lindsay que te contamos es terrible, pero muestra lo que puede pasar cuando chicos que son buenos toman decisiones desastrosas. Ella no fue lo suficientemente inteligente para reconocer a un depredador sexual y entender lo que había pasado. Muy pocas personas lo son.

Si permaneces fiel al Código nunca destruirás tu vida de esta manera. Aquí hay tres lecciones rápidas para mantenerse libre de la pornografía.

1. Huir de ella

La Biblia dice: «Huyan de la inmoralidad sexual» (1 Corintios 6:18) Huir significa correr o volar. Cuando somos pequeños nos dan miedo los lugares oscuros y si nos encontramos en una situación de oscuridad de seguro que corremos a la luz. Bien, eso es lo que deberías hacer si te encuentras con la pornografía: huye de ella tan rápido como puedas. En la Biblia, la mujer del hombre para el cual José trabajaba, trató de tentarlo. Ella lo agarró del manto y le dijo: «Ven a la cama conmigo». ¿Sabes lo que hizo? Escapó, y todo lo que ella obtuvo de él fue su manto.

Toma la decisión de guardar tus ojos puros. Cuando te encuentres accidentalmente con pornografía en Internet, bórralo o muévete sin fijar la mirada y cuéntale a alguno de tus padres. Cuando alguien te muestre algún DVD con imágenes sexuales, abandona el lugar. Cuando estés cambiando de canal y una imagen sexual aparezca en la televisión, cambia de canal y no vuelvas atrás. No existe un libro o revista sucia que pueda traerte salud. Incluso, no compartas información personal en Internet y no chatees con personas que no conoces. Si estuvieras en un oscuro y vacío callejón, de ninguna manera deberías hablar con extraños, y ni hablar de coquetear con esas personas. Hay gente usando Internet diariamente para estas cosas. Toma la decisión de no hacerlo nunca con objetivos sexuales. Podrías salvar tu propia vida.

Los padres deberían proteger a sus hijos de sitios negativos y tú también puedes tomar un rol activo en este proceso. Puedes decirles a tus padres que compren un programa o dispositivo que bloquee sitios malos en Internet. Encuentra y dispone un lugar para tu computadora en el cual toda la familia pueda verla y usarla. Plantea el tema de hacer acuerdos familiares acerca de qué tipo de programas de TV o películas está bien mirar, así como también qué uso darle a la Internet. Crear límites en tu mente y tomar acciones que te conserven libre de la pornografía te ayudará a vivir según el Código y a sentirte libre.

2. Conseguir ayuda rápido

Si ya has estado consumiendo demasiada pornografía, consigue ayuda ahora mismo. No esperes. Sé que debes estar sintiendo algo de vergüenza y culpa, pero si tuvieras una enfermedad que podría causarte la muerte, probablemente irías al médico y conseguirías la ayuda necesaria para ponerte bien. Lo mismo pasa con la pornografía. Este vicio te mata el alma. Sin ayuda, puede que nunca conozcas la libertad de una hermosa relación matrimonial. Tus futuros hijos podrían no llegar a tener un modelo sano de intimidad.

Seguramente hay gente cerca en tu zona que puede ayudarte con tus problemas y posible adicción. Créeme que ellos han escuchado peores historias que la tuya, y están allí para darte una mano. Tus líderes de jóvenes están para escucharte y ayudarte y no para condenarte. No postergues por orgullo la decisión. Lo que necesitas es ayuda de alguien que pueda sentarse y escucharte para darte el consejo adecuado acerca de cómo superar tus problemas con la pornografía.[1]

3. Buscar rendir cuentas

Cuando alguien nos cuenta que tiene problemas con la pornografía, la primera pregunta que le hacemos es: «¿Tienes al menos un compañero a quién rendirle cuentas? ¿Tienes a alguien con quien puedes hablar libremente y confesarle cosas si es necesario?» Si la respuesta es sí, los animamos a hablar con esa persona; si la respuesta es no, le explicamos lo difícil de que sea capaz de darle batalla a la pornografía sin rendirle cuentas a nadie. Sabemos que puede ser vergonzoso, pero hay poder en la rendición de cuentas. Aun nosotros siendo adultos y líderes cristianos damos cuentas de nuestras vidas. Somos pastores pero nos aseguramos de tener pastores.

Por eso no importa la edad que tengas, es una muy buena idea encontrar gente en la cual tengas una confianza absoluta, con quien poder confesarte y con quien compartir cualquier problema que tengas. Esta persona (o personas) debe ser totalmente digna de confianza. Debe ser de tu mismo sexo, debe ser gente que ore por ti, te sostenga y te ayude a vivir según el Código. De eso se trata la integridad sexual.

PARA HACER FUNCIONAR LA CABEZA

1. ¿Por qué dice el capítulo que pasar tiempo con la pornografía trae peligros extremos?

2. ¿Cómo piensas que la pornografía puede cambiar el modo en el que ves al sexo opuesto o incluso a la sexualidad sana?

3. ¿Cómo puede ayudar un compromiso con el Código de la Pureza a «quitar tus ojos de cosas que no valen la pena»?

TU
CORAZÓN

CAPÍTULO 9

GRACIA Y PERDÓN

Se cuenta que había un hombre vestido con un traje muy elegante que causó un alboroto tremendo en el centro de Chicago. En una brillante y agitada mañana, con miles de personas yendo y viniendo por la Avenida Michigan, este hombre tan agradablemente vestido se paró en una esquina, apuntó su dedo índice hacia un hombre y le gritó: «¡Culpable!» La gente que estaba alrededor supuso que los dos hombres se conocían, pero no, nunca se habían visto antes. El primer hombre caminó un poco más, apuntó su dedo hacia otro extraño y nuevamente gritó con todas sus fuerzas: «¡Culpable!»

Durante más de tres horas, este distinguido señor caminó por la Avenida Michigan. Se detenía, se daba vuelta, apuntaba y gritaba: «¡Culpable!» Al principio la gente pensó que era un loco. Literalmente cientos de personas comenzaron a seguirlo observando su rutina. Algunos pensaron que quizás estaba poseído por un espíritu, porque todos a los que apuntaba sabían en el fondo de su corazón que eran culpables. «¿Cómo lo sabe?», comenzaron a preguntarse. ¿Era un profeta? Finalmente, tan rápido como apareció, se fue y nunca más se supo de él.

¿Por qué este hombre causó tal conmoción? Posiblemente porque en el centro de todo ser humano hay una sensación de culpa. Todos sabemos que hemos errado al blanco, y estamos en lo cierto con respecto a eso. La Biblia nos da la noticia de esta manera: «*Pues todos han pecado y están privados de la gloria de Dios*» (Romanos 3:23). La Biblia también nos dice que el precio del pecado es la muerte, o la separación espiritual de Dios. El verbo «pecar» significa literalmente errar al blanco. Piensa en un objetivo y en una flecha que pierde la dirección y cae en cualquier lugar menos en donde tenía que caer, y entenderás lo que significa errar al blanco. Dios es perfecto; nosotros no. Debido a que no somos perfectos erramos al blanco dispuesto por la justicia de Dios. Es por eso que nos sentimos culpables, y eso es una mala noticia.

Habla Jim: *La manera en la que mejor recuerdo el término «errar al blanco» es a través de una de las historias más embarazosas de mi vida. Cathy y yo nos hicimos novios en la universidad. Todavía no la había besado, pero todas las noches, durante meses, había practicado* *en mi almohada cómo besarla. (¡No puedo creer que esté contando esta historia!). Todas las noches cerraba mis ojos, inclinaba mi cabeza y me imaginaba besando a Cathy en los labios. Llegó la noche en la que sentí que era el momento de besarla de verdad. Habíamos ido a una fiesta de Navidad y cuando la acompañé hasta su residencia, de alguna manera supe que ese era el momento que había estado esperando. Cerré los ojos, incliné mi cabeza y... lo próximo que sentí fue algo extraño en mis labios. Abrí mis ojos y vi que le había errado a sus labios y había besado... ¡su orificio nasal derecho! Esa noche conduje hasta mi casa gritando en mi automóvil: «¡Le erré a sus labios, le erré a sus labios!»*

Ahora vamos por las buenas noticias. ¡Hay esperanza para aquellos que no son perfectos! No necesitamos seguir sintiéndonos culpables porque le erramos al blanco. En Cristo podemos ser libres de nuestros pecados. ¡Esa es la excelente noticia! Déjanos decirte esto desde ahora: cuando te comprometas a seguir el Código de la Pureza, habrá momentos en los que le errarás al blanco. Las tentaciones son grandes y la vida es complicada. Claro que esperamos que no caigas presa de alguna de las tentaciones más difíciles de las cuales ya hemos hablado en este libro, pero siempre necesitarás recordar que el amor de Dios no conoce límites, y que podemos experimentar la gracia y el perdón. Lo interesante es que el concepto de gracia y de perdón no nos lleva lejos de querer hacer lo que es bueno, sino que nos lleva a desear complacer a Dios con nuestra pureza. Déjanos explicarte.

Los caminos de Dios son diferentes a los nuestros. Muchas personas que tienen buenas intenciones con respecto al Código de la Pureza, tienen una visión realmente errónea de Dios. Algunos piensan que Dios es un Dios de obras. Creen que debemos *ganarnos* Su amor, así como nos ganamos una buena calificación en la escuela. Están equivocados. Nuestro Dios es un Dios de gracia. Gracia significa favor inmerecido. En otras palabras, no tienes que hacer nada para recibir Su amor. El Nuevo Testamento lo dice de esta manera: «*Porque por gracia ustedes han sido salvados mediante la fe; esto no procede de ustedes, sino que es el regalo de Dios, no por obras, para que nadie se jacte*» (Efesios 2:8-9).

Otros piensan que Dios es lento para perdonar. Quizás viven en una familia en la cual sus miembros se guardan rencor. Pero el perdón de Dios es nuestro con solo pedirlo. Los seres humanos guardan rencores y recuerdan las malas acciones. Dios, en cambio, se olvida del pecado que le confesamos. Nosotros somos los que continuamos acordándonos del pasado; Dios nos da una pizarra limpia. Al predicar nos gusta decir acerca del perdón: «No tienes derecho a desenterrar lo que Dios ha perdonado y olvidado. Él ya lo puso a sus espaldas». Los caminos de Dios son diferentes a los nuestros, y si alguna vez vamos a vivir verdaderamente según el Código, debemos aprender Sus caminos.

DIOS TE AMA INCONDICIONALMENTE

Lo «sientas o no lo sientas», eres una persona amada no por lo que haces, sino por lo que eres. Si eres parecido a nosotros, entonces crees, dudas, te desanimas, peleas con los que amas, comprometes tus acciones para ser aceptado, justificas defectos, vas en contra de lo mejor que Dios tiene para ti y, aun así, *Dios te ama por lo que eres.*

Para ser liberado, debes creer que Dios te ama como eres y no como deberías ser. El amor incondicional de Dios está hermosamente expresado en esta historia sobre una mujer atrapada cometiendo un pecado sexual:

«Jesús se fue al monte de los Olivos. Al amanecer se presentó de nuevo en el templo. Toda la gente se le acercó, y él se sentó a enseñarles. Los maestros de la ley y los fariseos llevaron entonces a una mujer sorprendida en adulterio, y poniéndola en medio del grupo le dijeron a Jesús:

—Maestro, a esta mujer se le ha sorprendido en el acto mismo de adulterio. En la ley Moisés nos ordenó apedrear a tales mujeres. ¿Tú qué dices?

Con esta pregunta le estaban tendiendo una trampa, para tener de qué acusarlo. Pero Jesús se inclinó y con el dedo comenzó a escribir en el suelo. Y como ellos lo acosaban a preguntas, Jesús se incorporó y les dijo:

—Aquel de ustedes que esté libre de pecado, que tire la primera piedra.

E inclinándose de nuevo, siguió escribiendo en el suelo. Al oír esto, se fueron retirando uno tras otro, comenzando por los más viejos, hasta dejar a Jesús solo con la mujer, que aún seguía allí. Entonces él se incorporó y le preguntó:

—Mujer, ¿dónde están? ¿Ya nadie te condena?

—Nadie, Señor.

—Tampoco yo te condeno. Ahora vete, y no vuelvas a pecar» (Juan 8:1-11).

¡Qué historia! Imagínate por un momento todos aquellos hombres con las piedras en sus manos, listos para apedrear a esta mujer hasta matarla, por haber sido atrapada en el mismo acto de adulterio. ¿Qué pensaron que diría Jesús? Después de todo, la Ley de Moisés les daba el derecho de matarla. Jesús simplemente los miró a los ojos y dijo: «Aquel de ustedes que esté libre de pecado, que tire la primera piedra». Sabiendo muy bien que ellos también le habían errado al blanco de la justicia de Dios, todos se dieron vuelta y se fueron. Lo que Cristo había querido enseñar había quedado bien claro.

En esta historia escuchamos una cálida conversación entre una mujer que había errado el blanco y el Señor. Mostrando una profunda compasión y un amor incondicional, Él le preguntó dónde estaban los que la condenaban. «Todos se fueron, Señor».

En ese momento Jesús le mostró al mundo el verdadero carácter del amor de Dios cuando dijo: «Tampoco yo te condeno». ¿Jesús dijo que estaba todo bien con su pecado? No, en absoluto. De hecho, le dijo que dejara su vida de pecado. Pero las palabras «tampoco yo te condeno» son las mismas palabras que Él les dice a los cristianos incluso hoy. Él te ama completa e incondicionalmente.

Muchísimas personas se comprometen a ser puros sexualmente y después borran este compromiso con su cuerpo, sus ojos, su mente o su corazón. Se sienten tan derrotados que tratan de romper su relación con Dios. Dios nunca se da por vencido cuando se trata de amarnos. Su amor permanece fuerte. Nuestro corazón es el que titubea, no el suyo. Fíjate que Jesús no rompió la relación con esa mujer que había sido descubierta en adulterio. En lugar de esto, le dijo que dejara esa vida de pecado porque Él sabía qué era lo mejor para ella. Esta es una ilustración increíble de la gracia y del amor incondicional de Dios.

Habla Lucas: *Una de las tentaciones más tontas pero populares luego de caer en una tentación anterior es creer que si ya caímos entonces no tenemos esperanza y que da lo mismo volver a caer porque ya estamos condenados. Si hace falta, comienza a leer de nuevo este capítulo.*

EL AMOR DE DIOS ES SACRIFICIAL

Una verdad bíblica que debe quedar grabada para siempre en nuestras mentes es: «*Pero Dios demuestra su amor por nosotros en esto: en que cuando todavía éramos pecadores, Cristo murió por nosotros*» (Romanos 5:8). Si alguna vez dudas del amor de Dios por ti, mira la cruz. Estamos convencidos de que si hubieras sido la única persona creada en este mundo, aun así Cristo hubiera sacrificado Su vida por ti para que pudieras tener una relación con Dios.

A veces necesitamos recordar el dolor físico real y la humillación que soportó Cristo, aun por personas que no lo toman en serio. Su sacrificio en la cruz es la razón por la cual podemos tener una autoestima positiva y vivir según el Código de la Pureza. Debido a que todos hemos errado al blanco, ninguno de nosotros puede mirarse a sí mismo y sentirse *realmente* bien. La pureza, sin embargo, está disponible para nosotros porque tiene su raíz en el amor sacrificial de Dios.

Habla Jim: *A mí me gustan casi todas las personas. No obstante, no me gustaba un niño de seis años de nuestro vecindario llamado Clark (este no es su verdadero nombre) porque un día nos dijo que quería casarse con nuestra hija Christy, que también tenía seis años en ese entonces. Clark tenía un vocabulario muy sucio y era una mala influencia para nuestras hijas. Un día de verano Clark estaba afuera en el medio de la calle y yo estaba volviendo del trabajo en mi automóvil. Toqué la bocina para que saliera del camino y me hizo con su mano la señal internacional de desagrado con su dedo. ¡Tenía seis años!*

Ahora bien, déjenme contarles un sueño que tuve en el que Clark y mis tres hijas (Christy, Rebecca y Heidi) estaban jugando con una pelota de playa en el jardín del frente de nuestra casa. La pelota se iba a la calle y mis chicas corrían tras la pelota. Al mismo tiempo, veo un enorme camión viniendo a toda velocidad. No hay forma de que el camión pueda frenar a tiempo. Sin dudarlo, corro hacia la calle. Puedo oler la goma quemada de las llantas al frenar. Empujo a las niñas fuera de la calle y justo antes de que el camión me aplaste, me despierto. ¡Uf!

Yo sé que sacrificaría mi vida por mis hijas. Después de todo, las amo y tengo el papel principal en la tarea de moldearlas como las mujeres en las que se van a convertir. Ahora, volvamos a mi sueño. Nuevamente, veo a Clark y a las niñas jugando con la pelota de playa. Esta vez, cuando la pelota se va hacia la calle y el camión viene a toda velocidad, Clark comienza a correr hacia la pelota. Va a ser atropellado por el camión, y yo... paro, dudo... y luego me despierto. (Clark está todavía dando vueltas por el vecindario así que estoy seguro de que es solo un sueño). No sé si hubiera dado mi vida por Clark.

ERES PERDONADO EN CRISTO

Dios se toma muy en serio el tema del perdón. Perdonar no va naturalmente con nuestro estilo, pero *siempre* es el estilo de Dios. El concepto de perdón nos hace regresar a la idea de que los caminos de Dios son diferentes a los nuestros. *«Si confesamos nuestros pecados, Dios, que es fiel y justo, nos los perdonará y nos limpiará de toda maldad»* (1 Juan 1:9). El pecado confesado es sacado de la memoria de Dios para siempre. Mira cómo Dios se describe a sí mismo a Israel en el Antiguo Testamento: *«Yo soy el que por amor a mí mismo borra tus transgresiones y no se acuerda más de tus pecados»* (Isaías 43:25). Nuevamente vemos que Dios no solo elige perdonar nuestros pecados confesados, sino que también promete no recordártelos nunca más.

Muchos psicólogos y psiquiatras aseguran que muchos de las instituciones psiquiátricas estarían vacías si la gente solo pudiera entender la libertad del perdón. No puedes ser libre para ser todo lo que Dios quiere que seas si no vives como una persona perdonada. Si eres un cristiano y le has confesado tus pecados a Él, eres perdonado. Tus pecados han sido olvidados y eso es definitivo.

Como eres perdonado, también eres libre de ser una nueva creación en Cristo. *«Esto significa que todo el que pertenece a Cristo se ha convertido en una persona nueva. La vida antigua ha pasado, ¡una nueva vida ha comenzado!»* (2 Corintios 5:17, NTV). Quizás tú no te «sientas» nuevo. Incluso a veces ni siquiera actúes como una nueva creación. Sin embargo, gracias al sacrificio de Cristo en la cruz, eres perdonado, eres libre y eres nuevo. ¡Vívelo!

En el viejo musical *«El Hombre de la Mancha»* basado en la historia española del *Quijote de la Mancha*, encontramos a Don Quijote sentado en un bar junto a su fiel sirviente Sancho Panza. Don Quijote es un solitario señor español que cree que es un caballero al servicio de rey. En realidad él no es un caballero, pero nadie puede convencerlo de lo contrario.

La muchacha del bar es Aldonza, una mesera de día y una prostituta que vende su cuerpo de noche, y Don Quijote la mira y le declara: *«Tú serás mi dama. Sí, tú eres mi dama. Ya nunca más te llamarán Aldonza, sino que serás Dulcinea».*

Ella ríe despectivamente y grita: «¡Yo no soy una dama!» «No, tú eres mi dama. Tú eres Dulcinea», dice el ilusorio Don Quijote.

Verás, cada caballero necesitaba una dama decente y respetable para inspirarlo y para dedicarle sus victorias. Don Quijote creía que esta prostituta, Aldonza, era su dama. Más adelante en la obra, algunos hombres se aprovechan de Aldonza. Ella es violada, el acto de humillación más grande. Luego de que los hombres abusaron de ella, ella vuelve al bar sollozando. Está histérica. Su blusa y su falda están desgarradas.

Don Quijote grita: «¿Qué es lo que ha pasado, mi dama?»

Ella no lo soporta más y grita con todas sus fuerzas: «¡No me llame dama! Nací en una zanja y mi madre me abandonó allí desnuda y fría y demasiado hambrienta como para llorar. Nunca la culpé. ¡Estoy segura de que se fue esperando que yo tuviera sentido común y me muriera! Yo soy solo Aldonza. No soy nada de nada!» Y corriendo rápidamente se pierde en la noche, devastada.

Don Quijote la llama: «Pero tú eres mi dama, Dulcinea».

En la escena final vemos a Don Quijote acostado en una cama, enfermo, confundido por la fiebre. Su fiel sirviente, Sancho Panza, está a su lado. Su familia, que nunca creyó que era un caballero, está en la habitación. Simplemente están esperando que muera. Don Quijote está consciente a ratos. Golpean la puerta y entra una mujer española vestida con un hermoso traje de noche, su cabello recogido, su paso elegante y digno.

Ella va hacia Don Quijote, se arrodilla, pone sus manos sobre los hombros de él y dice: «¿Me recuerdas?»

La familia le dice que está muriendo, que está inconsciente. Ella sacude a Don Quijote y le dice: «Usted debe recordarme. Yo soy Dulcinea. Usted me dio ese nombre».

Por un momento, Don Quijote vuelve en sí, la mira y dice: «Mi Dulcinea, sabía que vendrías». Sonríe y muere. Don Quijote creía en Aldonza, y ella se convirtió en lo que él creía que ella era.

Dios cree en ti. Gracias al poder perdonador de Cristo, eres una nueva creación, *sin importar quién eres o qué has hecho*. El amor de Dios te transforma en una nueva creación.

Él cree en ti
Él te ama
Tú eres su hijo

Y por Su gracia y perdón, ¡puedes vivir de acuerdo al Código!

PARA HACER FUNCIONAR LA CABEZA

1. ¿Por qué crees que hay un capítulo sobre la gracia y el perdón en un libro que habla acerca de la pureza?

2. ¿Cómo pueden la gracia y el perdón hacer que una persona no realice malas elecciones?

3. ¿Por qué sería importante pedirle a Dios que te ayude a ser una persona pura?

CAPÍTULO 10

DESARROLLANDO UNA AUTOIMAGEN SANA

Quizás hayas visto la película animada «Mi Villano Favorito», donde el protagonista principal es Gru, una especie de loco malvado que intenta hacer la maldad más destacada de todas (como robarse la luna). A medida que avanza la película va saliendo a la luz que lo que Gru intenta es agradar a su mamá y a otros, ya que desde niño fue siempre subestimado. En una de las escenas más trágicamente divertidas, él tiene un recuerdo de su niñez en el que está mirando la llegada del hombre a la luna y le dice a su mamá que un día él será astronauta, a lo que su mamá responde que eso ya no va a poder ser porque «ya no están enviando monos».

Las frases, vivencias negativas y comparaciones que experimentamos en la niñez sin dudas pueden jugar un papel fundamental en la formación de nuestra imagen; y hoy, a nuestros padres y familiares o amigos de la escuela, a esta generación, se le agrega la cruel realidad de tenerse que comparar con las fantasías de los medios masivos de comunicación.

Tu autoestima, o autoimagen, es cómo piensas y te sientes con respecto a ti mismo, y *la manera en que te sientas con respecto a ti mismo afectará cada área de tu vida, incluyendo tu sexualidad.* Sí. Lo que pienses y sientas sobre ti mismo determinará en gran manera tu perspectiva sobre la vida, y esta será alegre, miserable, aventurera, trágica o indiferente. Tu visión de la vida, a su vez, colorea tus relaciones con tus amigos, tu familia y otros. La manera en que estas personas te respondan te lleva nuevamente al comienzo del ciclo (la forma en que te traten tendrá un efecto tremendo en cómo piensas y te sientes con respecto a ti mismo). Por esta razón es que, honestamente, creemos que muchos de los problemas que vemos en el mundo que tienen que ver con la impureza sexual, vienen de personas que tienen una autoimagen inapropiada.

GUSTAR DE TI

Nicole siempre pensaba mal de ella misma. Incluso cuando alguien trataba de decirle algo lindo sobre su peinado o su vestimenta, se rehusaba a aceptar el halago. Tendía a ser quejosa. Muy dentro de ella, se odiaba a sí misma, sabiendo que se estaba convirtiendo en una persona muy negativa. Los padres de Nicole le insistieron en que no fuera tan crítica con ella misma, pero ella no pudo sacar los pensamientos negativos de su cabeza. No le gustaba cómo lucía y odiaba su ropa. Sentía que si fuera más alta, sería más linda. Nicole incluso odiaba ser tímida y eso la convertía en más tímida y le reclamaba a Dios por no haberla hecho una persona diferente.

Nicole cayó en un círculo vicioso de baja autoestima. No se gustaba a sí misma y su mirada negativa afectaba cómo los demás la veían y respondían a ella. Debido a que la mayor parte de sus «vibraciones» eran desfavorables hacia los otros, no recibía mucho apoyo positivo. Convencida de que todo el mundo la odiaba, comenzó a sentirse aun peor con respecto a sí misma. Para que Nicole pudiera romper el círculo, tenía que aprender a gustarse a sí misma.

Aprender a gustar de ti mismo es una de las claves para hacer que tus años adolescentes sean una experiencia positiva, y para mantenerte firme en tu compromiso de pureza. Eres un milagro irrepetible. Esto puede ser algo difícil de creer a veces, pero tú eres una obra de arte. No hay nadie igual a ti en todo el mundo, y eso te hace alguien especial.

¿Es fácil vencer un complejo de inferioridad? ¿Puedes aprender a sentirte bien contigo mismo en diez simples lecciones? La respuesta es un enfático *NO*. Cuando se trata de las luchas de la vida, nunca es fácil. Pero tenemos buenas noticias. *Puedes* establecer tu propia identidad y aprender realmente a gustar de ti mismo. Una forma importante es teniendo la mentalidad correcta con respecto a los tres importantes temas que veremos a continuación.

BELLEZA, CEREBRO Y DINERO

Debido a que la belleza, la inteligencia y el dinero son tan altamente valuados en nuestro mundo, tienden a ser los principales impedimentos para construir una autoestima saludable. En realidad, ninguno de estos atributos son malos o pecaminosos, pero cuando son ubicados sobre un pedestal inalcanzable, pueden ser devastadores para tu autoimagen.

Belleza

¡No vamos a decirte que dejes de cepillarte los dientes o de usar desodorante! Creemos que debes hacer todo lo que puedas para lucir atractivo o atractiva. Sin embargo, la presión bajo la cual todos estamos para lograr la perfección física es aterradora, especialmente cuando piensas que a un ochenta por ciento de los adolescentes de nuestra sociedad ¡no les gusta cómo lucen! Los medios de comunicación han dispuesto estándares irrazonables con respecto a la apariencia física, haciéndola inalcanzable para la inmensa mayoría de nosotros. Aun así, millones de personas se esfuerzan por parecerse a la estrella de rock de moda, a los ídolos de cine o a los sex symbols. Ahora escucha esto: *Dios no pone en primer lugar la apariencia física.* Es nuestra sociedad la que lo hace. Nuestro mundo presta una infantil atención a la belleza, y en los últimos años el estándar de belleza se ha convertido en algo verdaderamente fantasioso.

Habla Lucas: *Hace unos años me tocó viajar al lado de la chica que acababa de ser elegida la más sexy del mundo por una revista internacional. Esta chica iba con lentes oscuros y cubierta con un sombrero para no ser reconocida, así que no me di cuenta de quién era cuando me senté a su lado en el avión. Luego de despegar, cuando nos trajeron la cena, ella se sacó los lentes y el sombrero, y al entablar una breve conversación debido a la comida, sí me di cuenta de quién era. Hablamos un poco más acerca del viaje y mientras me hablaba, no podía dejar de pensar respecto a cuán diferente se veía en persona a como la había visto hacía poco tiempo en una película. Al rato ella se durmió y yo tomé la revista del avión donde me encontré justamente con una entrevista que le hacían a ella. En una de las páginas de esta revista había una foto de su cara de página completa y al verla te voy a confesar que me sentí tentado a poner la foto de la revista prácticamente al lado de su cara para compararlas... y lo hice. Sí. Lo que pude comprobar fue cuán arreglada estaba la foto de la revista y cómo le habían mejorado las líneas de la cara e incluso borrado algunas marcas.*

Para la mayoría de nosotros, la incapacidad de aceptar nuestra apariencia física es devastadora para nuestra autoestima. Los problemas con nuestra apariencia física comienzan desde que somos muy pequeños.

Habla Jim: *En el anuario de mi séptimo grado, Eddie Hovdy me escribió estas palabras:*

Dios creó los ríos

Dios creó los lagos

Dios te creó a ti, Jim

Todos nos equivocamos.

No recuerdo nada más sobre mi anuario de séptimo grado, pero esas palabras se grabaron en mi memoria para siempre. Todavía recuerdo que leí ese poema y bajé el anuario tratando de entender por qué no le agradaba a Eddie. Pensé en todas las características físicas que no me gustaban de mí. Probablemente no le agradaba a Eddie por la abertura de mis dientes delanteros, mis piernas peludas o mis cejas. Además, yo era mucho más bajo que Eddie. Durante días estuve deprimido. Odiaba a Eddie, pero también me odiaba a mí mismo porque no era tan apuesto como él. Por supuesto, seguramente Eddie escribió ese tonto poema en el anuario de todos, pero nadie podría haberme convencido de eso en séptimo grado.

Debido a que la apariencia física juega un papel tan importante en nuestra autoimagen, es extremadamente importante entender que el verdadero amor nunca le presta tanta atención a la apariencia externa. De hecho, es bueno que sepas que aun si fueras una persona muy fea o bella en tu adolescencia, eso no quiere decir que lo vas a seguir siendo en la adultez.

Muy pocos lograrán ser Mr. o Miss Universo, así que confórtate leyendo la conversación que Dios tuvo con el profeta Samuel. Dios estaba hablando con Samuel acerca de un hombre muy bien parecido a quien Dios había rechazado como candidato a ser el próximo rey de Israel. Dios dijo: *«No te dejes impresionar por su apariencia ni por su estatura, pues yo lo he rechazado. La gente se fija en las apariencias, pero yo me fijo en el corazón»* (1 Samuel 16:7).

Dios simplemente no le da ninguna importancia a tu apariencia física porque al fin al cabo es una cuestión cultural. Lo que en Occidente se ve lindo no necesariamente se ve lindo en Oriente.

Habla Lucas: *Mi amiga Adriana Benítez que ha sido misionera en el África me ha contado que allí hay países donde la mujer más linda es la más gorda porque estar bien alimentados en esa cultura es señal de salud y de riqueza.*

El punto es que Dios pone la mira en tu persona interior. El deseo de Dios es que tengamos una belleza interior real, una que trascienda culturas y edades. Él quiere que reconozcas que estuvo activo durante toda tu mismísima creación (lee el Salmo 139:13-15) y que aún está involucrado en cada parte de tu desarrollo.

Desafortunadamente, muchísima gente consagra gran parte de su tiempo y atención a su apariencia externa y no le dedica nada de tiempo a su belleza interior. Tú y yo conocemos personas que son sorprendentemente hermosas en su exterior e infelices por dentro. Estas mismas personas a veces sacrifican su pureza a cambio de ser aceptados en un grupo de «gente linda» que terminan siendo perdedores en la vida. Las personas más atractivas que conozco son aquellas que han desarrollado una belleza interior que resplandece incluso en el exterior, haciéndolas también más hermosas físicamente.

Cerebro

Habla Jim: *Cuando era niño, en nuestro vecindario había un chico llamado Tom a quien le pusimos el apodo de «Tonto-Tom». Lo llamábamos así porque en la escuela siempre estaba en las clases para niños más lentos. Me avergüenza decir que yo era uno de los instigadores de ese horrible apodo. Durante toda la primaria y la secundaria lo llamamos Tonto-Tom. Todos nos sorprendimos cuando Tom al fin terminó la secundaria. Inmediatamente después se mudó a otra ciudad y perdí contacto con él completamente.*

De repente, nueve años después, Tom me llamó un día para decirme que vendría a la ciudad por negocios, y que quería invitarme a almorzar. Acordamos una hora y un lugar. Yo llegué primero. Al los pocos minutos, un hombre de negocios bien parecido, que irradiaba confianza e inteligencia, se acercó a mí y me saludó con un firme apretón de manos. ¡Nunca, jamás en mi vida lo hubiera reconocido! Nos sentamos y le pedí a Tom que me contara su historia.

Me dijo que toda su vida sus padres lo habían comparado con su hermano mayor, que siempre sacaba excelentes calificaciones. Tom dio por sentado que era tonto y feo porque eso era lo que todo el mundo siempre le había dicho. Cuando terminó la secundaria se mudó a otra parte de California. Asistió a la universidad y, sin las influencias negativas, obtuvo estupendas calificaciones. Comenzó a asistir a un club cristiano dentro de la universidad y con el tiempo hizo un compromiso con Jesucristo. Tom aprendió que, a los ojos de Dios, no era ni tonto ni feo. Dios creó en él incluso cuando él no creía en sí mismo. Tom terminó la universidad y luego continuó hasta obtener su Máster en Administración Comercial. Se casó con una mujer hermosa y tuvo dos preciosos hijos.

Me fui de ese almuerzo con dos emociones muy diferentes. Estaba absolutamente eufórico por ver que Tom se había convertido en una persona tan realizada, y pensando que si Tom pudo hacerlo con la ayuda de Dios, cualquiera puede. Pero también me sentí profundamente avergonzado por haber sido parte de los que hicieron que sus primeros años fueran tan infelices.

Por favor, nunca olvides que la idea que Dios tiene de la inteligencia es muy diferente a la idea que tiene el mundo.

Investigaciones en la Universidad de Minnesota encontraron que los maestros le sonreían a niños con alto índice de inteligencia que eran aplicados, pero miraban con desprecio a los más creativos. Según el estudio, los alumnos inteligentes pero no creativos aceptan con conformidad, no se rebelan y completan sus deberes con prontitud y casi perfectos. Los niños creativos, en cambio, tienden a ser manipuladores, imaginativos e intuitivos. Son más propensos a poner nerviosos a los maestros. En general, los creativos son inquietos, independientes, imaginativos y les falta seriedad. Muchas veces su comportamiento distrae al resto de la clase y dan respuestas inesperadas. El estudio universitario encontró que setenta por ciento de los niños nivelados muy alto en creatividad NO eran los preferidos de los profesores y NO eran los mejores de la clase. Luego compararon sus resultados con los de una investigación de la Universidad de Stanford en el que se había dejado a los profesores y maestras de escuelas primarias seleccionar a los niños más brillantes. La conclusión fue que los profesores y maestras hubieran excluido de su lista de alumnos brillantes a Edison, Picasso, Einstein y Mark Twain.

Con el Espíritu de Dios dentro de nosotros, todos los cristianos podemos ser personas creativas y contar con una inteligencia sobrenatural. Debemos usar la imaginación para poder cumplir con la misión para la que Dios nos escogió. Podemos usar la imaginación para renovar nuestra vida, familias, iglesia y este mundo que tanto necesita de la creatividad de los hijos de Dios.

Dinero

Una calcomanía muy popular para parachoques dice más o menos así: «*El que tiene más juguetes gana*». ¡Qué mentira! Tener más juguetes, más dinero o más cosas no te hará ganar, ni te hará más feliz en absoluto. En realidad, todo eso siempre genera más vacío. No estamos sugiriendo que debes regalar o tirar todas las cosas lindas que tienes. Sin embargo, te desafiamos fuertemente a examinar si estás construyendo tu estima sobre cosas materiales. Si lo estás haciendo, entonces prepárate para desilusionarte en el futuro. Las riquezas materiales parecen ser la meta de todo el mundo en estos días, y muchos han «vendido sus almas» por el presuntamente todopoderoso dinero (o un cierto teléfono celular, o el último aparato electrónico, o... lo que tú quieras), mintiendo, engañando y robando para llegar a la cima financieramente. Al contrario de lo que la sabiduría popular enseña, el éxito no tiene nada que ver con el dinero.

Habla Jim: *Hace algunos años, decidí abordar el tema del dinero en nuestro grupo de jóvenes en la iglesia. Honestamente, no sabía qué esperar. Comencé con un simple disparador: «Díganme qué es lo que quieren ser cuando sean mayores».*

Derrick fue el primero y dijo: «Yo quiero ser rico».

«OK», respondí, «pero ¿qué quieres hacer para ser rico?».

Él contestó: «Realmente no me importa lo que haga; solo quiero ganar mucho dinero, vivir junto al mar y conducir un Porsche».

Al principio creí que Derrick estaba bromeando, pero yo parecía ser la única persona del grupo a quien este comentario le había parecido divertido. Todos los demás jóvenes lo tomaron en serio. Ahora bien, esto no significa que Derrick sea una mala persona, ni tampoco que lo sean los demás jóvenes. Sí significa que la gente que tiene una mejor autoimagen gracias a adorar al dinero, en realidad nunca va a tener una autoimagen apropiada».

El problema no es tener dinero, sino qué lugar le damos en nuestra vida. Ambos conocemos un montón de gente rica que no adora al dinero, sino que entiende estas palabras de Jesús sobre las riquezas materiales:

No acumulen para sí tesoros en la tierra, donde la polilla y el óxido destruyen, y donde los ladrones se meten a robar. Más bien, acumulen para sí tesoros en el cielo, donde ni la polilla ni el óxido carcomen, ni los ladrones se meten a robar. Porque donde esté tu tesoro, allí estará también tu corazón. (Mateo 6:19-21)

Las finanzas no son un tema menor cuando se trata de nuestra fe. Jesús pasó más tiempo hablando del dinero que del amor. Él sabía que el dinero afectaría nuestra fe y nuestro compromiso: *«Nadie puede servir a dos señores, pues menospreciará a uno y amará al otro, o querrá mucho a uno y despreciará al otro. No se puede servir a la vez a Dios y a las riquezas»* (Mateo 6:24).

Debes estar preguntándote por qué usamos este capítulo hablando de la belleza, la inteligencia y el dinero. La razón es simple. Una mala perspectiva sobre estos temas puede hacer que una buena autoimagen se convierta rápidamente en una autoimagen inapropiada.

Muchos de tus amigos comenzarán bien y luego se desviarán un poquito. Pondrán su atención sobre cosas superficiales. Harán concesiones para sentirse bien con ellos mismos y un día se darán cuenta de que están perdidos y que no han seguido el Código de la Pureza. Tú no quieres que esto te ocurra a ti.

Grábate que no estás solo en esta tarea de construir una autoimagen sana. El Dios que creó este mundo se interesa profundamente por quien eres y por la persona en quien te estás convirtiendo. La Biblia dice: *«Porque somos hechura de Dios, creados en Cristo Jesús para buenas obras, las cuales Dios dispuso de antemano a fin de que las pongamos en práctica»* (Efesios 2:10). Nosotros lo vemos de esta forma: para construir una sana autoimagen en ti, Dios tiene que hacer su parte y tú debes hacer la tuya. Dios ya ha hecho su parte, por lo tanto, todo lo que tienes que hacer es responder a lo que Él ya ha hecho por ti.

La parte de Dios:

* Te creó
* Te ama
* Te acepta
* Te perdona
* Te valora

* Te ha dado talentos
* Te ha mostrado el camino hacia la pureza

Tu parte:

* Poner a Dios en primer lugar en tu vida
* No apreciar la realidad por lo que dicta la cultura
* Vivir de acuerdo a todo tu potencial

PON A DIOS EN PRIMER LUGAR EN TU VIDA

Jesús lo dijo mejor: «*Busquen primeramente el reino de Dios y su justicia, y todas estas cosas les serán añadidas*» (Mateo 6:33). Jesús nos promete que si ponemos a Dios primero, entonces nuestras vidas estarán en orden. ¿Nos promete una vida libre de problemas? De ninguna manera. Nos ofrece, sin embargo, cuidarnos día a día cuando lo hacemos la prioridad máxima de nuestras vidas.

La gente con baja autoestima tiene, en primer lugar, un problema espiritual. Tu relación con Dios en definitiva afecta todas las otras áreas de tu vida. Muchos nos preguntan cómo es que hemos llegado a donde llegamos y tenemos ministerios y familias prósperas. La respuesta es simple: Cuando éramos jóvenes hicimos todo lo que pudimos para poner a Dios en primer lugar y entonces a partir de ahí nuestra relación primero con nuestros padres, amigos, familiares e incluso maestros, mejoró. Poner a Dios primero tuvo un tremendo efecto en nuestra vida y va a tenerlo en la tuya.

EL CASO DE SHANNON

Antes mencionamos a Shannon Ethridge. Shannon creció en un hogar en el cual aprendió el Código de la Pureza. Le enseñaron a tener fe en Dios y tenía el deseo de vivir una vida con buenos principios. Sin embargo, en algún momento a lo largo del camino, una mala autoimagen la llevó a quebrar sus valores. La vida de Shannon se desvió y cayó en una serie de relaciones no muy puras. Su promiscuidad sexual y otras malas elecciones hicieron que su relación con Dios se desvaneciera. La vida parecía ir yendo cuesta abajo.

Una mañana mientras conducía hacia su universidad, estaba mirándose en el espejo retrovisor y maquillándose cuando atropelló a una mujer en bicicleta y la mató. Increíblemente, el marido de la mujer no presentó cargos criminales, sino que en cambio la llenó del amor de Cristo.

El dolor y la angustia por esa trágica experiencia han sido sanados por Dios y hoy Shannon está haciendo algo que realmente vale la pena. En sus libros ha escrito mucho sobre su vida y sobre la integridad sexual. Ahora, con su maravilloso esposo Greg, está ayudando a los jóvenes en todo el mundo.

VIVE DE ACUERDO A TODO TU POTENCIAL

Con Dios amándote y siguiendo sus consejos eres libre para alcanzar tu máximo potencial, incluso en el área sexual. Básicamente, vivir una vida de pureza es garantía de que vas a vivir bien y cumplir los sueños de Dios para tu vida.

Nuestra oración es que permitas que tu autoimagen esté basada en la imagen que Dios tiene de ti para que no experimentes el dolor que viene cuando el Código de la Pureza es roto. Es cierto que algunas personas pueden rebotar de una mala decisión y hacer cosas muy buenas, como Shannon, pero aun en esos casos las heridas nunca se curan gratis. Tú, mejor, sigue adelante. Sueña. No dejes que nadie que no sea el Dios, creador de la vida te diga lo que debes hacer con tu presente y tu futuro.

PARA HACER FUNCIONAR LA CABEZA

1. Muchas personas con una mala autoimagen son seducidas sexualmente con facilidad. ¿Por qué crees que ocurre esto?

2. ¿Cómo puede una buena relación con Dios ayudar a la autoimagen de una persona?

3. ¿Cuáles son las áreas de tu vida en las que necesitarías trabajar para desarrollar una autoimagen más positiva y saludable?

PREGUNTAS DE REFLEXIÓN FINAL

1. Ahora que has leído el libro, ¿qué decisiones y compromisos has tomado?

2. ¿Qué decisiones puedes tomar regularmente que te ayuden a vivir según el Código de la Pureza?

3. ¿Cómo puede Dios pasar a ser una parte más importante de tu sexualidad?

4. ¿Has asumido el compromiso de vivir de acuerdo al Código de la Pureza? Si es así, ¿cuándo? ¿Te sientes cómodo en firmar la promesa de la oración del Código de la Pureza? (Se presenta en la próxima página, pero incluso lo puedes imprimir desde: www.especialidadesjuveniles.com).

¿Acaso no saben que su cuerpo es templo del Espíritu Santo, quien está en ustedes y al que han recibido de parte de Dios? Ustedes no son sus propios dueños; fueron comprados por un precio. Por tanto, honren con su cuerpo a Dios.

(1 Corintios 6:19-20)

NOTAS

Capítulo 3

1. Obviamente esta es una simplificación del proceso. Para informarte más sobre este tema, recomendamos que tus padres utilicen libros, sitios en la web o folletos que tratan este proceso en profundidad.

Capítulo 4

1. S.J. Ventura, J.C. Abma, W.D. Mosher y S.K. Henshaw, «Recent Trends in Teenage Pregnancy in the United States, 1990-2002» [Tendencias Recientes en Embarazos Adolescentes en los Estados Unidos, 1990-2002] en Health E-stats, Hyattsville, MD: Nacional Center for Health Statistics, 2006.

2. Hayley DiMarco, *Technical Virgin*, [Técnicamente Virgen] Revell, Grand Rapids, MI, 2006, p.101.

3. Ibid., p. 100.

Capítulo 5

1. Shannon Ethridge y Stephen Arterburn, *Every Young Woman's Battle* [La Batalla de Cada Mujer Joven] Waterbrook Press, Colorado Springs, CO, 2004, pp.130-31.

Capítulo 8

1. Para problemas relacionados con la pornografia, puedes encontrar ayuda en www. libresencristo.org y www.xxxchurch.com

ORACIÓN DEL CÓDIGO DE LA PUREZA

En honor a Dios, mi familia y mi futuro cónyuge, me comprometo a vivir una vida de pureza sexual. Esto incluye:

* Honrar a Dios con mi cuerpo

* Renovar mi mente para lo bueno

* Quitar mis ojos de cosas que no valen la pena

* Guardar mi corazón por sobre todas las cosas

FIRMA: _____

FECHA: _____

ANEXO 1

ABUSO SEXUAL

El abuso sexual es una de las peores tragedias en nuestro mundo y desafortunadamente, un alto porcentaje de personas lo experimentan en la niñez y la adolescencia temprana.

Cuando eras más pequeño, tus padres necesitaban enseñarte a mirar a ambos lados antes de cruzar la calle y a no hablar con extraños. La necesidad de aprender cómo prevenir un abuso sexual es similar. Hay ciertas precauciones que no siempre tomamos naturalmente, pero es importante que las hagas parte de tu vida.

Con tristeza debemos decir que el mundo está lleno de personas, algunas de las cuales conocemos y amamos, que tienen una visión retorcida de su sexualidad y de la vida. Si por alguna razón te encuentras en una situación difícil, habla inmediatamente con tus padres o con alguien en quien confíes realmente. Los efectos del abuso sexual son simplemente devastadores.

Fue increíble escuchar la historia de Alberto. Las lágrimas brotaban de sus ojos mientras contaba una de las peores historias de abuso sexual que pudieras escuchar. Siempre se había mostrado muy seguro de sí mismo, pero en su interior este hombre se estaba derrumbando en todo sentido y todo porque hacía años fue víctima de uno de los crímenes más crueles que se puedan imaginar. Su abuelo, a quien había amado y en quien había confiado, lo había molestado sexualmente año tras año desde los once hasta los dieciséis años. Alberto nunca se lo había contado a nadie, ni siquiera a su esposa. Había enterrado esta herida con su dolor. Pero con el paso de los años, se dio cuenta que el abuso que sufrió le estaba causando una tortura agonizante.

Agregamos este anexo porque si bien el abuso sexual no es una realidad para muchos, lo es para más de los que lo admiten y de una manera muy triste. Nadie quiere hablar de eso y nadie quiere escuchar sobre eso. Sin embargo, los fríos, duros y escalofriantes hechos nos dicen que el abuso sexual afecta las vidas de millones de personas.

Una de cada tres jóvenes será abusada sexualmente alrededor de los dieciocho años.

Uno de cada siete jóvenes será abusado sexualmente alrededor los dieciocho años.

Estas estadísticas en realidad son conservadoras comparadas con algunas investigaciones recientes que informan que el problema podría estar muchísimo más extendido.

EL ABUSO SEXUAL ES REAL Y ESTÁ EN TODAS PARTES

Si has sido víctima de abuso sexual, estas pueden ser las primeras palabras acerca del tema que hayas leído. Quizás cada parte de tu vida esté nublada por el hecho de que algo realmente horrible te ha sucedido. Si nunca has sido abusado sexualmente, alguien cerca de ti probablemente conoce muy bien el trauma del abuso sexual.

En nuestra experiencia de consejería sabíamos que el abuso sexual era un problema, pero no teníamos idea de cuán frecuente era hasta que empezamos a hablar acerca del tema. Dondequiera que vamos, cuando planteamos este tema, mucha gente que está incuestionablemente devastada por sus experiencias se acerca para hablar con nosotros.

Habla Lucas: *Mi primo es psicólogo especialista en homosexualidad. Se llama Esteban Borghetti y es el autor del libro «Homosexualidad y Juventud», también de Especialidades Juveniles, y sin dar nombres me ha contado algunas historias aterradoras que escucha en su consultorio.*

LA HISTORIA DE MUCHOS

Aquí van algunas situaciones de personas que se veían como todos y actuaban como si nada pasara, pero que por dentro guardaban un terrible secreto que los deshacía en pedazos. Todos los nombres y algunas de las situaciones han sido cambiadas por razones obvias de confidencialidad, pero estas historias son reales.

Susy estaba trabajando como niñera en la casa de Tom, su ex novio. Se llevaba muy bien con su hermanita menor y con el resto de la familia, a pesar de que ella y Tom ya no eran más novios. El padrastro de Tom siempre había sido muy amable con Susy. De hecho, más de una vez ella había deseado tener un padre tan especial como el padrastro de Tom. Esa noche, la familia de Tom salió a cenar y a ver una obra de teatro, mientras que Susy se quedó a cuidar a la niña más chica. El padrastro, Ted, no salió con ellos y se quedó trabajando en una habitación en la parte trasera de la casa.

En el momento en el que Susy puso a la pequeña niña en su cama, Ted vino a la cocina y le preguntó si quería de las galletas de la abuela. A Susy le encantaban esas galletas y dijo: «Gracias, eso viene muy bien para acompañar el programa que estoy viendo en la TV».

Ted trajo las galletas y se sentó junto a ella en el sofá y empezó a ver el programa con ella. Susy se quejó inocentemente de un dolor que tenía en la espalda por haber jugado al softbol y entonces el padrastro de Tom comenzó a masajear su espalda. Al principio lo hacía por afuera de su suéter, pero luego poco a poco metió sus manos por adentro del suéter.

Susy se quedó como congelada. No sabía qué hacer. No sabía si este «buen» hombre estaba por ir más lejos o si le estaba haciendo un favor inocente. Susy estaba tensa y nerviosa. Con una voz suave Ted le sugirió que se relajara: era lo mejor para su molestia muscular. Hasta que finalmente Ted empezó a tocar sus pechos. De repente el teléfono sonó. Susy estuvo agradecida por la interrupción. El padrastro de Tom se levantó de mala gana para responder al llamado. Susy había sido abusada sexualmente.

Cuando Mónica tenía nueve años, su hermano mayor de catorce la tocó sexualmente. Fue una terrible y traumática experiencia que ella no le reveló a nadie porque su hermano la había amenazado con matarla si lo contaba. El mes siguiente, él la violó. Por los próximos dos años y medio él tuvo relaciones sexuales con su hermana siempre prometiendo matarla si ella hablaba al respecto.

Mónica jamás se lo dijo a nadie. Su hermano era una persona violenta y ella realmente temía por su vida. Ella se retrajo socialmente. Reprobó la mayoría de sus clases y experimentó con drogas que su mismo hermano le daba. Finalmente su hermano fue arrestado por robo a mano armada y Mónica fue libre del horror de mayores experiencias traumáticas.

Una conocida de Mónica la invitó a un retiro de fin de semana en un campamento cristiano. Allí, por primera vez en su vida ella escuchó acerca del amor incondicional de Dios por ella a través de Cristo Jesús. Ella quería convertirse en una cristiana, pero sus experiencias pasadas la atormentaban y la frenaban para aceptar a Jesús. Luego de regresar del campamento, conversó con un pastor de jóvenes y le contó su historia. Mónica había sido abusada sexualmente.

Steven tenía siete años cuando su niñera abusó de él.

Jimena escuchó a sus padres pelear terriblemente una noche cuando tenía nueve años. Esa misma noche su padre entró suavemente a su habitación y tuvo una relación sexual con ella. Esto se repitió por los siguientes siete años.

El tío favorito de Ricardo lo acarició sexualmente en un viaje en el que acamparon, confundiéndolo con la mentira de que todos los tíos «hacían eso» con sus sobrinos favoritos.

Los chicos más grandes del vecindario abusaron de Carolia. Cuando ella le contó a sus padres, su madre no le creyó y su padre se rió.

Todas estas personas fueron abusadas sexualmente.

Las historias siguen y siguen. Solo en estos últimos meses, hemos escuchado historias horribles acerca de un hombre filmando a una chica en la ducha, de hombres exhibiéndose ante niños inocentes, de una cita con violación, de adultos compartiendo fotos pornográficas con niños y otras historias que cuesta ponerlas en palabras. El abuso sexual es real y está en todas partes.

BUENAS NOTICIAS PARA LAS VÍCTIMAS DE ABUSO

Lamentablemente, la mayoría de quienes han sido sexualmente abusados en una u otra manera, se guardan el dolor y la experiencia dentro de ellos mismos. Tratan de olvidar o simplemente desean que desaparezca. Bueno, la verdad es que no se va a ir por arte de magia y tenemos que decirte que sin ayuda, alguien que ha sido sexualmente abusado nunca podrá tener ni una imagen propia ni una vida libre de su pasado.

No obstante, hay buenas noticias para aquellos que pelean en esta área. Miles de personas que han sido abusadas sexualmente y que buscaron asistencia han sido ayudados. Si eres una víctima de abuso sexual (o cualquier otra forma de abuso) no estás solo. Muchas personas a tu alrededor sufren por los mismos temas. Ellos probablemente están lidiando con su dolor de manera similar.

Aquí hay cuatro puntos que alguien que ha sido abusado sexualmente debe saber:

1. No es tu culpa.
2. Busca ayuda. No sufras en silencio.
3. Hay esperanza.
4. A Dios le importa; realmente le importa.

No es tu culpa

El abuso sexual es siempre culpa del abusador. Tristemente, la mayoría de las víctimas se culpan a sí mismas por su trauma. Es tiempo de colocar la culpa en el lugar correcto. Si alguien te asalta y te roba tu dinero, o si te choca un conductor borracho, ¿te culparías a ti mismo? Cuando has sido abusado sexualmente de alguna manera, te conviertes en la víctima de un horrible crimen. El abusador es un enfermo y más si es tu pariente. Es un cobarde y un enfermo. Si te culpas a ti mismo, entonces tú también te vas a enfermar. *No es tu culpa*.

Busca ayuda. No sufras en silencio

El primer paso hacia la recuperación es buscar ayuda. A veces es vergonzoso. Otras veces no quieres revelar un profundo y oscuro secreto familiar. Pero la verdad es que si no buscas ayuda, no mejorarás. Si eliges sufrir en silencio, estás eligiendo sentirte peor. No puedes ignorar tu dolor. No eres el único que ha experimentado este trauma. Puedes recibir ayuda de un consejero adulto calificado para ello.

Jill le confesó a su pastor de jóvenes que seis meses atrás había estado en una fiesta donde un joven mayor que ella la había forzado a tener relaciones sexuales con él. Jill dijo que se sintió «rebajada y usada», pero que le daba miedo contárselo a alguien. Incluso temía que si lo contaba, quien abusó de ella pudiera vengarse.

Su pastor juvenil hizo lo que la ley de Estados Unidos (y muchos otros países) le manda y denunció la violación. Cuando se investigó a fondo, se descubrió que al menos otras quince chicas habían sido abusadas por este joven. Jill recibió un apoyo excelente por parte de un consejero que la ayudó. Ella enfrentó de la manera correcta los temas importantes que surgieron de ser violada. El progreso de Jill fue notoriamente rápido. Si hubiera esperado más tiempo para buscar ayuda, tranquilamente podría haber desarrollado patrones de comportamiento destructivo que le hubiera llevado años deshacer. Las víctimas necesitan buscar ayuda para evitar caer en un estado crónico de confusión. Por favor no sufras a solas.

Nosotros les rogamos a quienes han sido sexualmente abusados que no esperen un día más para ir en busca de ayuda. Si has sido abusado y nunca buscaste ayuda, entonces estás leyendo este libro por una razón y es que Dios quiere que busques ayuda. Habla con alguien.

¡Hay esperanza!

Si te han lastimado profundamente, quizás sea difícil para ti creer que la vida alguna vez pueda llegar a ser diferente y mejor. Pero puedes tener esperanza al saber que miles antes de ti fueron libres del dolor cuando buscaron ayuda.

Habla Jim: *Cuando Andrea tenía catorce años, su padrastro abusó de ella de todas las maneras. Andrea no se lo dijo a nadie y actuó como si nada hubiera pasado. Su desempeño escolar no se vio afectado, al contrario, mejoró. Nadie sabía de su dolor interior, hasta que un día tomó un frasco de píldoras que el médico le había dado a su madre para dormir. Cuando Andrea reaccionó estaba en el hospital. Ella oraba pidiendo morirse.*

Un buen psiquiatra le preguntó si le gustaría hablar acerca de por qué quiso hacerse tanto daño. También le preguntó si había alguien con quien quisiera hablar. Como yo la conocía, pidió hablar conmigo. Andrea y yo conversamos durante varias horas. Me contó que odiaba a todos los muchachos. Su padre la había abandonado cuando tenía ocho años. Y ahora su padrastro, quien había sido un buen hombre, había abusado de ella sexualmente. El dolor era tan intenso que ella había perdido todo concepto de esperanza.

Juntos buscamos ayuda. Primero denunciamos esta tragedia ante el psiquiatra y después ante el asistente social, quien habló con la madre y el padrastro. Andrea pasó por un período extenso de consejería que la ayudó a reconstruir su vida. Con el tiempo pudo ver que había sido víctima de un hombre enfermo. El proceso de consejería le dio una razón para vivir (y la esperanza de que la vida podía ser diferente). Hoy ya no se culpa a sí misma. Todavía siente un dejo de dolor cuando piensa en lo que fue esa experiencia, pero aprendió a seguir adelante. No solo tiene dos hermosos hijos, sino que junto a su esposo dirigen un campamento para niños abusados y maltratados.

A Dios le importa; realmente le importa

La mayoría de la gente que ha experimentado alguna clase de abuso sexual lucha con su relación con Dios. En especial aquellos que han sido abusados por alguien a quien se suponía que debían tenerle confianza, como es el caso de los que han sido abusados por un familiar o alguna autoridad escolar o religiosa. Podemos entender la dificultad que tienen en comprender el amor incondicional y sacrificial de Dios en Jesucristo. Es más fácil culpar a Dios en lugar de dejarnos confortar por él, pero él quiere caminar con nosotros mientras atravesamos el dolor y la desilusión.

El Nuevo Testamento nos cuenta cómo Jesús oyó acerca de la muerte de su amigo Lázaro. Cuando él vio a la familia envuelta en llanto, *«Jesús lloró»* (Juan 11:35). Jesús también llora por ti cuando te lastiman.

Jesús conoce muchísimo acerca del sufrimiento. Después de todo, él sufrió una dolorosa muerte de cruz y fue abandonado por las personas con las que compartía su vida como era el caso de los discípulos.

Lo que tienes que tener por seguro es si Dios te ama lo suficiente como para permitir que su único Hijo muera por ti, entonces creemos que se interesa profundamente por ti y le importa mucho tu dolor. Tienes que entender que aunque pareciera que las circunstancias nunca cambiarán, tu actitud *puede* cambiar (y eso hace una gran diferencia).

Si has experimentado abuso sexual, la batalla ahora está en tus manos. Las opciones son tuyas. *Puedes* vencer a tu dolor. La decisión de buscar reconstruir no siempre es fácil, pero siempre es la mejor.

La pregunta que te dejo es la siguiente: ¿Quién quieres ser y dónde quieres estar dentro de diez años?

Las decisiones que tomas hoy te van a afectar por el resto de tu vida. Elige salud y recuperación; y recuerda, Dios camina al lado tuyo en tus horas más oscuras.

HABLANDO CLARO

Nadie tiene derecho a tocar tu cuerpo en una manera sexual sin tu permiso, a pesar de lo mucho que él o ella te amen, de cuánto dinero hayan gastado en ti o de cualquier otra razón.

Cada vez que te sientas incómodo porque alguien te toque, tienes derecho a decir «no». Nunca pienses que le *debes* a alguien el derecho a que te toque. Confía en tus instintos naturales. Presionar, aprovecharse o abusar de otra persona nunca es ni será aceptable en ninguna relación.

Si alguien te toca de un modo que no te gusta, dile que se detenga y sal de allí, y entonces cuéntaselo a algún adulto en el que confías. Si un adulto o un joven mayor que tú te ha tocado en el pasado, *no es tu culpa*. *Siempre* la responsabilidad es del abusador. Es *muy importante* que recibas consejería para abuso sexual *ahora*, para prevenir problemas a medida que crezcas. Si nunca hablaste con un consejero, busca ayuda inmediatamente en una iglesia cristiana.

La agresión sexual ocurre cuando un varón o mujer es engañado, obligado, seducido, intimidado o manipulado para cooperar o no ofrecer resistencia a la actividad sexual con otra persona.

El abuso sexual puede definirse como:
* Mostrarle material pornográfico a niños
* Tomar fotografías de desnudos
* Exponerse como adulto frente a un niño o pedirle al niño que se exponga
* Acariciar partes privadas del cuerpo
* Besar de una forma íntima
* Contacto genital
* Coito
* Violación

La *agresión sexual* incluye el incesto, el acoso sexual, la violación y «cita con violación».

El incesto es la relación sexual entre parientes. Usualmente, esta actividad es iniciada por un padre o padrastro, abuelo, tío, primo o hermano. Ocasionalmente puede ser iniciada por una madre, abuela o tía.

El acoso es la actividad sexual con alguien fuera de la familia de la persona. El ochenta por ciento de los acosos provienen de alguien que la víctima conoce y en quien confía: un amigo de la familia, el novio de la madre, un vecino, un maestro, un entrenador, un doctor, un dentista, un pastor o sacerdote, un líder de jóvenes, un consejero de campamento, o una niñera. Solamente el veinte por ciento de los acosos son hechos por extraños.

La violación es la penetración forzada (con el pene o algún otro objeto) en la vagina, boca o ano en contra de la voluntad de la víctima.

También existe la *violación hecha por alguien que conoces* o la *cita con violación*. Los violadores de citas generalmente usan solo la fuerza necesaria para lograr la conformidad de la víctima. Un hombre puede usar su poder físico para tener un coito o aprovecharse de una situación utilizando la fuerza, la presión, el engaño o la vulnerabilidad adolescente. El violador de citas no es un tipo raro de esos que se identifican fácilmente. Es como uno más (excepto que usa su fuerza para realizar estos abusos). Alrededor del setenta y cinco por ciento de las violaciones a adolescentes fueron provocadas por conocidos o en el marco de una cita.

¿QUÉ HACER SI ERES VIOLADO?

Si eres violado:

1. Encuentra un lugar seguro.
2. Llama a un servicio de emergencia por violaciones o a tus padres o a el pastor.
3. NO te bañes, laves tus partes privadas o te cambies de ropa antes de que te vea la policía.
4. Concurre a la sala de emergencias de un hospital. Consigue a un amigo o familiar que te acompañe y que traiga una muda de ropa si es posible. Haz esto lo antes posible como para que:

   * Se preserve la evidencia.

   * Se determine el nivel y la naturaleza del daño y su tratamiento.

   * Se realice un test de enfermedades de transmisión sexual y embarazo.

RAZONES PARA DENUNCIAR LA VIOLACIÓN

Denunciar el crimen a la policía es una decisión que solo tú puedes hacer. No obstante, hacerlo te beneficiará enormemente. Denunciar la agresión es una manera de recuperar el sentido de poder personal y control, ya que te permite hacer algo concreto acerca del crimen que se cometió en tu contra. Denunciar el crimen también te ayuda a asegurarte de recibir la mejor asistencia disponible.

Efectuar una denuncia policial además colabora en la acción preventiva para que otros no sufran lo mismo. Denunciar para que se pueda perseguir al agresor es fundamental para evitar otras violaciones. La mayoría de los violadores han violado a más de una persona. Si el violador no es denunciado, no podrá ser atrapado.

Una vez más, comprometerse con el Código es una decisión que tú tomas, y el abuso sexual en la mayoría de los casos no lo es. Ten en cuenta que si algo en este anexo describe en alguna manera algo de tu vida, hay ayuda y hay esperanza. Da el paso valiente y busca ayuda. Nunca te arrepentirás.

Si trabajas con
jóvenes
nuestro deseo
es ayudarte.

**Especialidades
Juveniles.com**

Un montón de recursos para tu ministerio juvenil
info@especialidadesjuveniles.com

Visítanos en:
www.especialidadesjuveniles.com

facebook www.facebook.com/EspecialidadesJuveniles

twitter twitter.com/EJNOTICIAS

You Tube www.youtube.com/user/videosej

Nos agradaría recibir noticias suyas.
Por favor, envíe sus comentarios sobre este libro
a la dirección que aparece a continuación.
Muchas gracias.

Editorial Vida®
.com

Vida@zondervan.com

www.editorialvida.com

www.ingramcontent.com/pod-product-compliance
Lightning Source LLC
LaVergne TN
LVHW030634080426
835508LV00023B/3361

* 9 7 8 0 8 2 9 7 6 2 0 3 7 *